SCHEDULE

ES CON FIELD HOKKAIDO

4 APR. 5 MAY.

MON	TUE	WED	THU	FRI	SAT	SUN
4/29 エスコン13:00	30 ベルーナ18:00	5/1 ベルーナ18:00	2	3 京セラ13:00	4 京セラ13:00	5 京セラ13:00
6 PayPay18:00	7 PayPay18:00	8 PayPay18:00	9	10 エスコン18:00	11 エスコン14:00	12 エスコン13:00
13	14 エスコン13:00	15 エスコン13:00	16	17 ZOZO18:00	18 ZOZO14:00	19 ZOZO14:00
20	21 エスコン18:00	22 エスコン18:00	23 エスコン18:00	24 楽天モバイル18:00	25 楽天モバイル14:00	26 楽天モバイル13:00
27	28 甲子園18:00	29 甲子園18:00	30 甲子園18:00	31 エスコン18:00		

6 JUN.

MON	TUE	WED	THU	FRI	SAT	SUN
					1 エスコン14:00	2 エスコン13:00
3	4 マツダ18:00	5 マツダ18:00	6 マツダ18:00	7 神宮18:00	8 神宮14:00	9 神宮13:30
10	11 エスコン18:00	12 エスコン18:00	13 エスコン18:00	14 エスコン18:00	15 エスコン18:00	16 エスコン14:00
17	18	19	20	21 エスコン18:00	22 エスコン14:00	23 エスコン13:00
24	25 ベルーナ18:00	26 県営大宮18:00	27	28 エスコン18:00	29 エスコン14:00	30 エスコン13:00

9 SEP.

MON	TUE	WED	THU	FRI	SAT	SUN
						1 ベルーナ17:00
2	3 PayPay18:00	4 PayPay18:00	5	6 エスコン18:00	7 エスコン14:00	8 エスコン13:00
9	10 エスコン18:00	11 エスコン18:00	12	13	14 楽天モバイル13:00	15 楽天モバイル13:00
16 楽天モバイル13:00	17 PayPay18:00	18 PayPay18:00	19	20 エスコン18:00	21 京セラ18:00	22 京セラ18:00
23 ベルーナ18:00	24	25 エスコン18:00	26 エスコン18:00	27	28 エスコン14:00	29 エスコン13:00

9 SEP. 10 OCT.

MON	TUE	WED	THU	FRI	SAT	SUN
9/30 ベルーナ18:00	10/1 ベルーナ18:00	2	3 ZOZO18:00	4	5	6
7	8	9	10	11	12	13
14	15	16	17	18	19	20
21	22	23	24	25	26	27
28	29	30	31			

■ 札幌ドーム

※試合日程・開催球場は変更となる場合がございます

名護市
HOKKAIDO
FIGHTERS

HOKKAIDO NIPPONHAM
FIGHTERS
SEASON
航海
FIGHTERS

FIGHTERS

2024 GAME

2 FEB. 3 MAR.

MON	TUE	WED	THU	FRI	SAT	SUN
2/19	20	21	22	23	オープン戦 24 名護13:00	オープン戦 25 名護13:00
26	27	28	29	3/1	オープン戦 2 札幌15:00	オープン戦 3 札幌13:00
4	5	オープン戦 6 鎌ケ谷13:00	オープン戦 7 鎌ケ谷13:00	オープン戦 8 横浜13:00	オープン戦 9 静岡13:00	オープン戦 10 静岡13:00
11	オープン戦 12 エスコン18:00	オープン戦 13 エスコン18:00	オープン戦 14 エスコン18:00	15	オープン戦 16 エスコン14:00	オープン戦 17 エスコン13:00
18	オープン戦 19 神宮13:00	オープン戦 20 神宮13:00	21	オープン戦 22 エスコン18:00	オープン戦 23 エスコン14:00	オープン戦 24 エスコン13:00

3 MAR. 4 APR.

MON	TUE	WED	THU	FRI	SAT	SUN
3/25	26	27	28	29 ZOZO18:30	30 ZOZO14:00	31 ZOZO14:00
4/1	2 エスコン18:30	3 エスコン18:30	4	5 エスコン18:00	6 エスコン14:00	7 エスコン13:00
8	9 熊本18:00	10	11 北九州18:00	12 京セラ18:00	13 京セラ14:00	14 京セラ14:00
15	16 エスコン18:00	17 エスコン18:00	18	19 エスコン18:00	20 エスコン14:00	21 エスコン13:00
22	23 楽天モバイル18:00	24 楽天モバイル18:00	25 楽天モバイル18:00	26	27 エスコン14:00	28 エスコン13:00

7 JUL.

MON	TUE	WED	THU	FRI	SAT	SUN
1	2 エスコン18:00	3 エスコン18:00	4 エスコン18:00	5	6 ほっと18:00	7 京セラ14:00
8	9 ベルーナ18:00	10 ベルーナ18:00	11	12 エスコン18:00	13 エスコン14:00	14 エスコン13:00
15 エスコン18:00	16 エスコン18:00	17 エスコン18:00	18	19 ZOZO18:00	20 ZOZO18:00	21 ZOZO17:00
22	23 オールスターゲーム2024 第1戦 エスコン	24 オールスターゲーム2024 第2戦 神宮	25 オールスターゲーム2024 [予備日]	26 エスコン18:00	27 エスコン14:00	28 エスコン13:00
29	30 エスコン18:00	31 エスコン18:00				

8 AUG.

MON	TUE	WED	THU	FRI	SAT	SUN
			1 エスコン14:00	2 PayPay18:30	3 PayPay14:00	4 PayPay13:00
5	6 楽天モバイル18:00	7 楽天モバイル18:00	8 楽天モバイル18:00	9	10 エスコン14:00	11 エスコン13:00
12 エスコン13:00	13 エスコン18:00	14 エスコン18:00	15 エスコン18:00	16 京セラ18:00	17 京セラ14:00	18 京セラ13:00
19	20 ZOZO18:00	21 ZOZO18:00	22 ZOZO18:00	23 エスコン18:00	24 エスコン15:00	25 エスコン13:00
26	27 エスコン18:00	28 エスコン18:00	29	30 ベルーナ18:00	31 ベルーナ17:00	

ホーム エスコンフィールドHOKKAIDO　ビジター　タピックスタジアム名護・鎌ケ谷スタジアム

2024.1.23現在

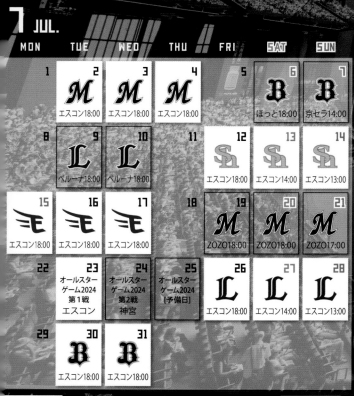

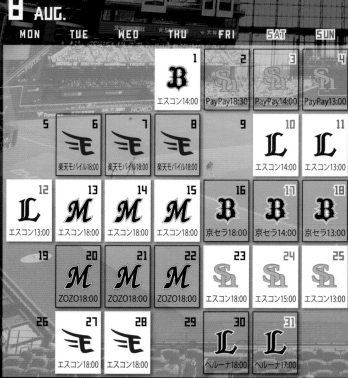

OFFICIAL GUIDEBOOK 2024 CONTENTS

チームスローガン

2024 SEASON
大航海
HOKKAIDO NIPPONHAM FIGHTERS

ファンの皆さまから募った8,608点もの案のなかから、選ばれたスローガン。ファンという宝物を積み込んだ船には、この2年間辛酸をなめながら着実に力をつけたクルー《選手・監督コーチ・スタッフ》も乗り込み準備は整った。荒波をものともせず、どのチームよりも長くシーズン《航海》を続け、歓喜を分かち合う瞬間を思い描きながら最後に光り輝く地へとたどり着く。

※本掲載のデータおよび情報は2024年3月6日現在のものです

スペシャル対談

楽しむ野球が土台となる監督&チーム育成論

新庄剛志監督と現役時代に3年間一緒にプレーした経験を持つ矢野燿大氏。選手としても輝かしい成績を残し、侍ジャパン、阪神タイガースで指導者としても活躍した。そんな矢野氏に新庄監督が熱烈なオファーを出して実現した今回の対談。考え方が似ている部分があるというふたりに、チーム育成に必要なことや、監督として大切なことなどをたっぷりと語ってもらった。

AKIHIRO YANO

矢野燿大

初対戦での満塁エンドランで挑戦する大切さを思い出した

――今回は、新庄監督から「矢野さんと対談したい」と要望があり、実現させていただきました。

新庄　僕は矢野さんがどうやってチームをつくり上げてきたかを聞きたかった。だって昨年タイガースが優勝したのは、95%矢野さんが育ててきたものが結果になったと僕は思うから。

矢野　そういうふうに言ってくれるのは本当にありがたい。今回も親しい人から、「新庄監督が対談したいと話しているそうですが、いかがですか」という話がきてうれしかったよ。

新庄　せっかく監督になったからには自分の力で、と思っていましたけど、今ならいろんなことを聞きたいなと思って、オファーさせていただきました。だって、矢野さんが監督を辞めるっていうのを開幕前に選手たちに伝えた気持ちが分かりますから。自分の決意を話して、選手たちに燃えてくれよっていうのを期待したと思うんですよ。

矢野　それもあったね。最後だよと伝

TSUYOSHI SHINJO

新庄剛志

驚きの新庄采配で 監督1年目の自分を 思い出すことができた

——矢野燿大

え方が、ほんまに頑張ってくれるかなっていうのもあったし、俺もしっかり伝えて選手と接したかった。

新庄　間違いない。僕もそういう手を使うタイプなんで。

矢野　新庄がこう言うからじゃないけど、俺と新庄は根本的に似ていると思う。俺も野球を楽しむとか、選手の可能性を伸ばすとか、違うことにチャレンジしたいタイプ。だから、監督最終年に新庄と対戦したとき、一死満塁でエンドランやられて、俺自身がすごく変われたからね。俺は、元々こういうことをやろうとしてたじゃんって。そこから一気に吹っ切れた。

新庄　その試合逆転されましたから。よく覚えてますよ。

矢野　新庄がやるなら俺もやったれと思って。あの試合は、本当に俺のターニングポイントになった。

新庄　僕も負けましたけど清々しさはありましたね。1年目は戦力を考えると相手が防げない点の取り方が有効だと思っていたんです。だからエンドランとか、ダブルスチールとかをやるしかなかった。

矢野　あの試合で、ファイターズの選手が新庄の考えを理解し始めているなって思った。みんなのアンテナが立ち出して、監督、何かやるぞっていう感じになってきて、レベルがついてきたなというのがあった。

新庄　やっとついてきてくれたので、常にバッターボックスで何があるんだろうかと準備をしてくれているから成功につながるんですよ。

矢野　本当にそう。指示待ちとか準備待ちで、レベルが上ってこないと本当にチームは良くならないからね。

新庄　そうなると勝手に相手が考えてくれる。1、3塁とかになると、何かしてくるだろうって。そこで何もしないと裏をかける。

矢野　ほんまに似てる！　チームを受け持ってる感じとか、チームのメンバー見てもメチャクチャ若いし、俺らは育てるっていうタイミングでバトンを受けてるからね。

新庄　矢野さんのとき、チームは若かったですか？

矢野　いや、俺はベテランが多くて、若い選手への切り替えをしないといけない時期だった。安定したチームづくりを考えると外国人に頼らない日本人選手を育てることだなっていう考えもあったから、育てるということができればいいなと思って。

新庄　矢野さんのときは、ある程度の土台はできていましたよね？　Aクラスに入るくらいの。

矢野　そうやね。新庄に比べれば。

新庄　俺、バリ島で14年間過ごして、相手チームの選手が誰も分からない、味方のチームの選手も1人も分からない。名前を覚えるのが先だったんです。その俺が、どうやって采配するんだと。だから、「土台をつくることに徹していいですか？」と言って承諾をもらいました。でも、監督になると、土台をつくる前にきれいな家を建てたがるじゃないですか。チームの色を変えたいとか。僕はそれをしなかった。とにかく土台をつくる。やっと土台ができ始めたときに、球団が補強をしてくれたので、本当の意味では今年が1年目かもしれませんね。でも、結果がでなければ僕は終わりという気持ちでやっていきます。

プロ野球選手は一言で変わる それをやった矢野さんはすごい

——新庄監督は、矢野さんの監督最終年の采配はご覧になっていましたか。

新庄　実は俺、この2年間ファイターズの試合が終わった後に、タイガースの試合を全部見ているんです。

矢野　そうなの？

新庄　矢野さんってどういうふうにしているんだろうって。言うのは恥ずかしいんですけど（笑）。

矢野　めちゃくちゃうれしい。これネットとかSNSで拡散してほしいね（笑）。

新庄　本当に見てて、作戦にしても矢野さんがどういうふうに動いているのかとか、ピッチャー交代のタイミングとか。よく真似しましたもん。僕はピッチャーもキャッチャーも経験がないから、交代はピッチングコーチに任せてるんです。矢野さんは全部でしょ？

矢野　最後の年は、金村（暁）、福原（忍）、ちょっと頼むわって。開幕9連敗もあってうまくいかないから。監督が分からないことを任せるというのはコーチが育つというところにつながる。俺がなんでもやる、なんでも知ってるよ、っていうよりは、新庄みたいに言えるほうがチームとしては上がると思う。

新庄　コーチ会議でも、いろんなコー

矢野さんがどんな采配をしているか全部見ていました

——新庄剛志

チの意見を取り入れて打線を組んでましたもんね。
矢野 すごい、よく知ってるな。
新庄 全部、調べましたから。
矢野 俺が決めるというよりは、みんなが自分事で考えてほしいから。バッティングコーチにどうとか、ピッチングコーチにどうとか。そうやってみんなに聞きながらチームをつくることはやってたね。
新庄 矢野さんは、盗塁でもトライしてからつかみなさいっていうことをずっと言っていた。これがすごい。なかなかできないですよ、試合になると怖いから。でも、それをさせてたでしょ?
矢野 俺、ほぼ4年間ノーサインだった。全部、君たちが感じたら動けって。失敗したら次どうしたらいいかを俺が聞くからと。そこで最後の答えというかアドバイスをするようにしてた。そしてもう1回挑戦してこい、もう1回いかな可能性は伸びひんぞっていうのを繰り返して、それが110個の盗塁(2022年)につながったかな。
新庄 昨年はあまり走ってませんでしたよね?
矢野 数字は減ったけど、リーグ1位の盗塁数(79個)だったよ。
新庄 結構走ってたんですね。じゃあ矢野さんの精神が受け継がれているわけですね。
矢野 土台ができたのかなって思う。中野(拓夢)は、大学や社会人で盗塁してないのに、プロ1年目で盗塁王になってるからね。
新庄 矢野さんのおかげで。
矢野 中野のようなタイプがプロの世界で生き残るには、盗塁ができてくると自分の価値をもっと高められるから超積極的に走って「失敗から学んでいこう」って言って。そして、めちゃくちゃ中野の力になってくれたのが、筒井(壮)コーチ。盗塁技術だけじゃなく、失敗しても選手たちの背中を押し続けてくれたおかげ。キャンプとかではアウトになりまくっていたけど、結局盗塁王になったからね。知り合いとかから、「なんでそんなに走れるようになったんだ」ってよく電話がくると本人は言ってた。
新庄 近本(光司)くんも?
矢野 近本もそう。どちらかというと、安全にいきたがるタイプ。でも「君の盗塁を見に来ている子どももおるで」って言って。
新庄 うまいね、やっぱり。
矢野 そういうのは、すごく言いたい。チームのために走れよじゃなくて、近本が見たいから球場に来ている人がいて、なかにはその日しか見られない人もいる。そういうなかで、守りに入ってチャレンジしないのは、プロとしてどうかと思うと。こういう選手になりたいという夢を与えるんだから、チャレンジしてこいよって話したことはある。
新庄 プロ野球選手って、一言で変わるんですよ。その気にさせるの。僕はそれが得意だから。僕がやってたのは、ファームから1軍に上がってきた選手に対して、「10試合はチャンスをやるから、結果を残してね」って。ダメならもう一度ファームだよっていうのは伝えてましたね。それで万波(中正)くんが成功して、松本(剛)くんもそのパターン。
矢野 監督はなんとか我慢して選手をつかってあげたいけど難しい。それをやったうえで、選手に責任を持たせていることがすごい。そのとき結果を出せず2軍に落ちたとしても、選手も納得できるし、もう一度頑張るって思えるから、すごく選手思いの行動だよ。
新庄 ただ、(松本)剛くんが一昨年、首位打者を取ったとき、シーズン途中に左ひざを骨折した。そのとき、僕がどうしてもタイトルを取らせたくて、4〜5割の状態でいいから戻ってきてほしいと。最悪走らなくていいからタイトルを取ってくれという気持ちが強かった。もし、矢野さんだったら取らせます?
矢野 記録とかは、挑戦したほうがいいと思う。新庄もそうだったと思うけど、本人と話し合ったなかで、狙いたいですっていうのであれば、こちらも背中を押せるからね。
新庄 僕の言葉を聞いて剛くんにも光が見えて、リハビリに励んだっていうことは聞きました。
矢野 新庄は選手をその気にさせるっていうことは、本当にうまい。

チーム内競争があるから本当の強さができてくる

——ともに監督を経験されていますが、プロ野球チームの監督をやるうえで必要なことはどのようなものでしょうか。
矢野 監督が求められるのは勝つこと。でも、それ以外の部分で野球の魅力を

野球ファンが見たいのは、新庄らしい楽しい野球

――矢野燿大

PROFILE
矢野燿大

やの・あきひろ●1968年12月6日生まれ、大阪府出身。90年のドラフト２位で中日ドラゴンズに入団。ドラゴンズ時代は捕手だけでなく外野手としても活躍。97年オフにトレードで阪神タイガースへ移籍すると、正捕手としてチームをけん引し、２度のリーグ優勝に大きく貢献した。2010年に現役引退し、解説者となるも、13年には侍ジャパンのコーチに就任。15年からはタイガースのコーチとなり、19年から監督となりチームを４年連続Aクラス入りさせた。

伝えなあかんと思うね。新庄は、現役のときからそれができているからすごいと思う。だから、ファンがついてきてくれるのは当たり前だなって。

新庄　この2年、いろんなパフォーマンスをしても最下位、最下位だったから取り上げてくれない。今年は自信があるから先にパフォーマンスをしておいて、強くなって同時に上がっていこうかなと思っています。

矢野　めちゃめちゃ楽しみやろ、今年。

新庄　正直、迷ってます。

矢野　誰を使うか？

新庄　外国人がこれだけ来てくれて、内野手も、外野手もピッチャーもいい争いをしてくれてますから。

矢野　郡司（裕也）とかもね、サードやる気になったりしてるわけでしょ。そういう、選手が意見を言える空気感がすごく大事なのよ。言ってもダメでしょっていうのじゃなくて、自分の人生だからやってみようよっていう空気感を新庄がつくってるから、郡司も言ったんだと思う。

新庄　その空気はつくってあげて、郡司くんがマスコミに話して、次の日「お前サードやりたいらしいね、それならやろうや」って言ってすぐに紅白戦でスタメンにしましたから。本人は「いきなりかい！」って言ってましたけどね（笑）。

矢野　それがすごいところ。今までの監督でそういう空気感をつくってきた人は少ないよ。だから今の選手からは、一生懸命頑張ったら試合に出られるんじゃないかっていう雰囲気が広がっているように感じるから、強くなるなって思う。

新庄　俺の1軍のデビュー戦、サードだったんですよ。内野の練習も余りしてないのに。それがあるので、郡司くんでも野村（佑希）くんでも、試合に出ることが大事だと思うから、外野をやらせたりしてるんです。最終的には自分のポジションに戻りなさいっていう、チャンスを与えてあげるのがこの2年間だった。今年は、鬼になってチャンスを与えずにオープン戦で結果を残した選手がレギュラー。固定ではないですが。その悩みが今年は強い。

矢野　チーム内の競争が激しくなると、絶対に強くなるからね。

新庄　タイガースも激しかったですか？

矢野　俺は、競争をつくろうと思ったから。いい選手を使うよって。ベテランの選手には、結果と姿勢をしっかり示してくれないと難しくなるし、若い選手よりも数字で上にいってくれないと同じだったら若手を使うって言ってた。そこは分かりやすく競争を煽った。

新庄　主力と考えている選手が、4試合ぐらいヒットでなかったとしたら、何試合ぐらいまで我慢できますか？

矢野　何試合っていうよりも、内容かな。アウトになってても、このタイミング、このポイントで打ってるんだったらまだいいなとか。

新庄　見てて分かりますもんね。

矢野　あとは自信をなくしかけてるかなとか、これだけ打ってないけどまだ前むいてるなとか、本人と話してみてまだ任せられるかどうかを判断する。

新庄　結構、選手とふたりで話されてたんですか？

矢野　したね。2軍に落とすときも、監督室に呼んで「今回、1軍にいてどうやった？　何が良くて、何が足りひんかった？」とか話してた。俺自身がマネージャーとかに「明日から2軍」とだけ言われるのが本当に嫌だったから。湯浅（京己）に対しても、2軍に落とす前に「ファームの試合ではただ0に抑えるんじゃなくて4球で抑えてこい。それができれば1軍で通用する力になってるから」って次のモチベーションを与えてた。これを監督時代90%以上の選手にやってたね。

新庄　僕、1、2軍を行ったり来たりした経験がないので、そこはヘッドコーチに任せて、タッチはしてこなかった。

矢野　任せるところは、任せていいと

思うよ。

新庄　外国人選手とも話しました？

矢野　すごい話した。何かあったら話す準備はできてるからって言ってたから。もっと使ってくれとか言ってきた選手もいたよ。そのときは新庄と一緒で、ここまで任すから、そのなかで判断するからって話して。

選手のやり方を受け入れやらせたうえでのアドバイスが大事

――今、選手自身でもいろんな情報が得られる時代になっています。その取捨選択で選手が迷っていたり、なかなか結果がでなかったりなど、その様子を見てどのようなアドバイスをするようにしていますか。

新庄　監督が一言いえば、大丈夫。「ポイントが近すぎるよ」とか、「間を取りなさい」とか。

矢野　僕は、選手に聞く。「なんでそんな打ち方するの」とか、打ってるときどんな感じとか。そこでギャップがあったら、やろうとしていることは受け入れて、良くないときには、しっかりと伝える準備はしてきたね。

新庄　俺が大したバッターじゃなかったから、アドバイスしていいのかなって。守備なら自信もって教えるけど、お前三振めっちゃしとったやんけって思いがあるからその難しさはあります。

矢野　俺もある。大したバッターではなかったから。だから聞くっていうのはあるね。守備は言えるけどね。まあ自分で言うのもあれだけど、新庄も僕も受け入れてるっていうのが入り口としてあるんかな。どんなことやっていても、それをダメって言うんじゃなくて、まずは受け止める。そうなると選手は、この人は話を聞いてくれるわとか、何か言われても俺のこと思ってくれてるっていうふうに感じてくれるはず。俺らは頭ごなしに言われてきた時代に選手をやってきたから、余計にそう思うかもしれないね。でも今は時代も変わっているし、まずは選手の考えでやってもらう。そういうスタートが本当に大事だと思う。

今季は新庄らしさを貫いてもらいたい

――矢野さんから新庄監督に何か質問はありますか。

矢野　新庄的には、今年優勝するためには何が必要だと感じてるの？

新庄　そこは本当に分からないんですよ。始まってみないと。若くて勢いはあるんですけど、勢いがなくなったときにズドーンっといきそうな気もするし。それは僕の使い方次第で変わるかなという感じがある。あとは外国人。だから始まってみないと。昨年も交流戦で3位まで1ゲームまでいったけど、そこからケガ人も出てしまって……。

――では、最後に矢野さんから新庄監督にエールをお願いします。

矢野　もう変わらずにこのままやってほしい。新庄しかできない野球があって、新庄らしさを野球ファンは見たい。俺らは楽しんだらダメだと言われてきたけど、子どもたちは選手が楽しんでプレーする姿をみて、ファイターズで野球やりたいとか、新庄監督みたいになりたいって思う。だから新庄らしい楽しむ野球を貫いてくれれば、その先に優勝があるんじゃないかと思っています。

誰を使うか迷いますが、ナチュラルにいきます！
――新庄剛志

PROFILE
新庄剛志

しんじょう・つよし●1972年1月28日生まれ、福岡県出身。89年のドラフト5位で阪神タイガースに入団。プロ3年目から１軍に定着しブレイク。2000年オフにFAでメジャー移籍し、02年に日本人初のワールドシリーズ出場を果たす。04年にファイターズに入団、06年にはシーズン途中で現役引退を発表し、チームのリーグ優勝、日本一に貢献した。22年からはファイターズの監督に就任し、今年で3年目を迎える。

新庄　昨年は猫をかぶっていた部分もありました。ヒットが出ても、ホームランが出ても極端に喜んだりすることはなかった。でも今季は、切り替えてナチュラルにいきたいと思います。1年目のように。矢野さんも1年目は結構、感情出してましたよね？

矢野　そう。1年目は、気持ちも上がってた。でもだんだん下がっちゃうのよ。守りに入るというか、慣れてしまう部分もあって。でも新庄には、むちゃくちゃというのはおかしいけど、一死満塁のエンドランとか、新庄らしく面白いなっていうのをどんどんやってほしい。楽しみにしてます。

新庄　ありがとうございます。

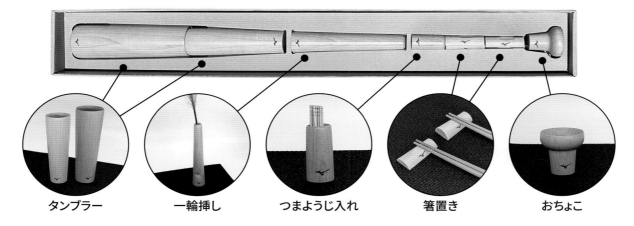

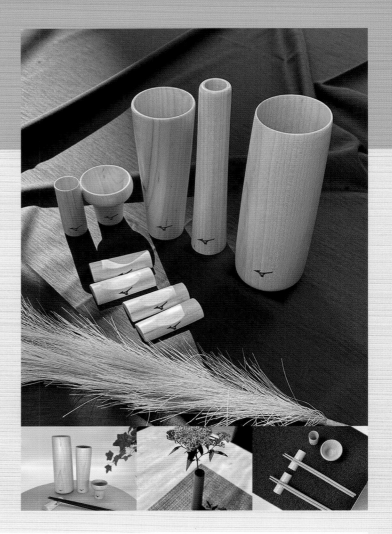

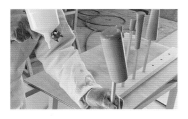

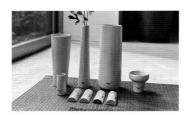

HOKKAIDO NIPPONHAM
FIGHTERS

大航海への準備は整った！

8年ぶりのリーグ制覇を狙う
男たちの決意

2016年以来となるリーグ制覇、日本一を目指し、
昨オフには大きな補強を行ったファイターズ。
ここ2年、最下位という悔しさを味わった選手たちも、
巻き返しへ向け鍛錬を続けてきた。
今回は覇権奪還に向けたチームのキーマンといえる選手を中心に、
新戦力、期待のルーキーたちに意気込みを語ってもらった。

スペシャル クロストーク

▶12～

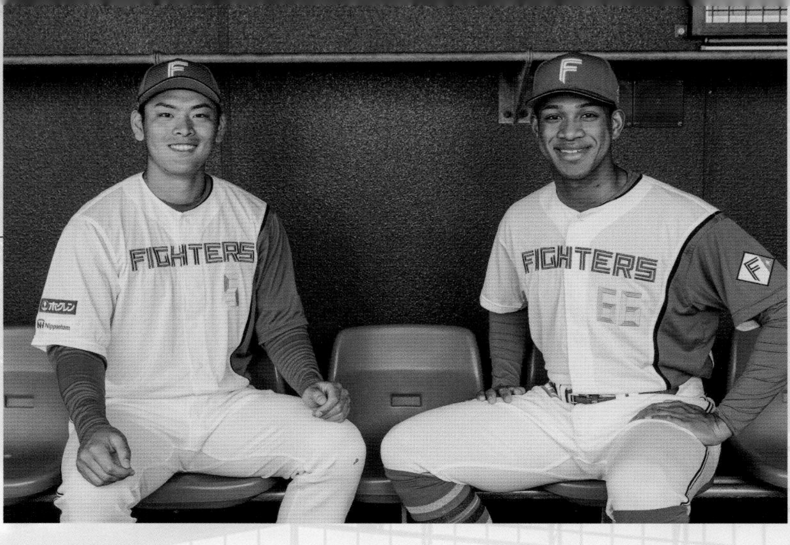

野村佑希×万波中正
加藤貴之×伊藤大海
伏見寅威×山﨑福也

飛躍を誓う若武者たち

▶25～

北山亘基
根本悠楓
加藤豪将
奈良間大己

RESTART 北の大地で躍動を狙う

▶29～

郡司裕也　山本拓実　福田光輝
黒木優太　水谷瞬　鍵谷陽平

NEW COMER

▶32～

ドリュー・バーヘイゲン　パトリック・マーフィー
アニュラス・ザバラ　アンドリュー・スティーブンソン
フランミル・レイエス　孫易磊

2024年新入団選手
“大航海”に加わる 新たな精鋭たち

▶39～

細野晴希　進藤勇也　宮崎一樹
明瀬諒介　星野ひので　濵田泰希
平田大樹　加藤大和

［スペシャルクロストーク］

同期の誓い

5 野村佑希

YUKI NOMURA

2023年シーズンはターニングポイントに

ふたりにとって2023年は印象深いシーズンになったはずだ。野村は開幕4番を託され、エスコンフィールドHOKKAIDOでのチーム初本塁打を含む初の2ケタ本塁打をマーク。しかし、好不調の波も大きく、安定した数字を残せず、4番を外れる期間もあった。一方、万波はチームトップの141試合に出場し、打撃主要3部門すべてでキャリアハイを達成。なかでもホームランは25本と初のキングまであと1本に迫る活躍をみせた。

＊

――昨季を改めて振り返ると、どのような1年でしたか？

万波　出場試合数も141になり、規定打席もクリア。そしてオフに24歳以下ではありますが、侍ジャパンにも選ばれ、アジアプロ野球チャンピオンシップに出場させていただくなど、初めてのことが多く、大きな変化があった年だと思います。うれしいサプライズも多かった一方で、もっとできると思っていた部分で、できないこともあったなと。

――打撃成績が伸びた理由には、レベルスイングを意識したフォーム改良が大きく影響したんですか？

そこはかなり大きかったですね。一昨年まで苦手にしていたストレートへの対応も良くなりましたし、そのほかの部分でもいい相乗効果が生まれました。

――野村選手は、開幕4番も任され、規定打席もクリアするなど一定の成果は挙げられたと思います。

野村　初めてケガをせずにシーズンを

万波中正

66

CHUSEI MANNAMI

高卒ルーキーとして入団直後から、次世代のクリーンアップ候補と称されてきた野村佑希と万波中正。プロ5年目となった昨季は、そろって100試合以上に出場し、初の規定打席にも到達した。万波にいたってはホームラン王まであと1本に迫るなど成績を伸ばし、ベストナインやゴールデングラブ賞を受賞し飛躍の年となった。新庄体制3年目となる今季。チームが優勝の2文字を手にするキーマンともされるふたりに、今季への意気込みや互いの存在についてなどを語ってもらった。

通して野球ができたのは良かった点のひとつだと思います。成績に関しては、自分が思い描いていたものとはほど遠い数字でした。また、シーズン終盤は試合に出られないことも多かったので、悔しいというか反省点が多い1年だったというのが素直な気持ちです。

――ふたりは入団から良き仲間、良きライバルとして切磋琢磨してきました。プロ入り5年間、近くでお互いの苦労なども見てきたと思いますが、それぞれの成長を感じる部分があれば教えてください。

万波　J（野村）は僕らの年代でずっと先頭を走ってきたなかで、ケガもあって苦しい思いをしているのも見ていました。それでもケガがなければもっと1軍で活躍していたという感じはあるので、すごいなと思います。昨季に関しても、本人が言うように満足のいくシーズンではなかったと思います。実際、バッティングで悩んでいる姿も見ていたので、やっぱり、Jも人間なんだなって（笑）。考えすぎずに普通にやればもっと試合に出て（本塁打を）20本、30本打てると思うんです。苦労する姿を見て胸を打たれる部分もあったので、僕自身ももっと頑張らないというという気持ちにもなりました。

野村　大幅にフォームを改良することは、簡単なことじゃない。どちらに転ぶか分からない部分も多いので、とても覚悟が必要。リスクも考えながらそこに飛び込んでしっかりと結果を出して、レギュラーの座をつかんでみせた。その覚悟の強さというのは、すごいなと思いました。そういう姿をしっかり見せてくれたので、あとは同期の僕たちがそこに追いつくだけかなという印象はあります。

春季キャンプの紅白戦ではしっかりと打撃でアピールを続けた野村

"キヨマンジェイ"を確立し チームをより強くしたい

野村と万波に、清宮幸太郎を加えた3人は、ロマン砲としてファンの期待を集めている。この3人は一昨年からクリーンアップを組むこともあり、昨季も15試合で実現した。ふたりはこのクリーンアップについてどのような思いを抱いているのだろうか。

＊

——清宮選手も含めた3人でクリーンアップを打つことへの思いを、聞かせてください。

野村　2022年に、クリーンアップで試合に出ることが増えたときは、とてもやりがいを感じました。僕たちが打ってチームが勝利したときの高揚感は格別なものでした。しかし昨年は僕自身、気持ちに余裕がなかったこともあり、一昨年の感覚を味わえなかった。だからこそ、もう一度、2年前に体感したものを取り戻したいという気持ちは強いです。

万波　僕自身も3人でクリーンアップを打つときは、なんとも言えないうれしさがあります。練習のときも一緒に汗を流して、プライベートでも食事に行く機会も多く、3人で打ちたいという話もずっとしてきているんです。ファンの皆さんからの期待も十分に感じているので、そこは3人で勝ち取らないといけないなとは思います。あと、(広島東洋) カープが3連覇したときの"タナキクマル"じゃないですけど、強いチームには軸となる選手が必ずいる。だからこそ、チームがもっと強くなるためにも、僕ら3人がレベルアップして引っ張っていかなきゃいけないと思います。

——万波選手は昨年、1番としても成績を残されましたが、やはりクリーンアップを打ちたいですか？

万波　そこはなんとも言えないですね。1番を任されてとても楽しかった気持ちもあります。打席に多く立てますし、そういう立場でプレーしたことで、より丁寧にバッティングをしなければいけないという思いが強くなった事実もあります。1番を打ち続けることも簡単なものではないですし、それができれば僕の成長にもつながる。だから、クリーンアップにそこまでのこだわりはあまりないのですが、3人そろって打つならそこかなと。

——野村選手は、契約更改の場でも4番を外された期間があったことに悔しさをにじませていました。やはり4番にこだわるという気持ちは一番強いですか。

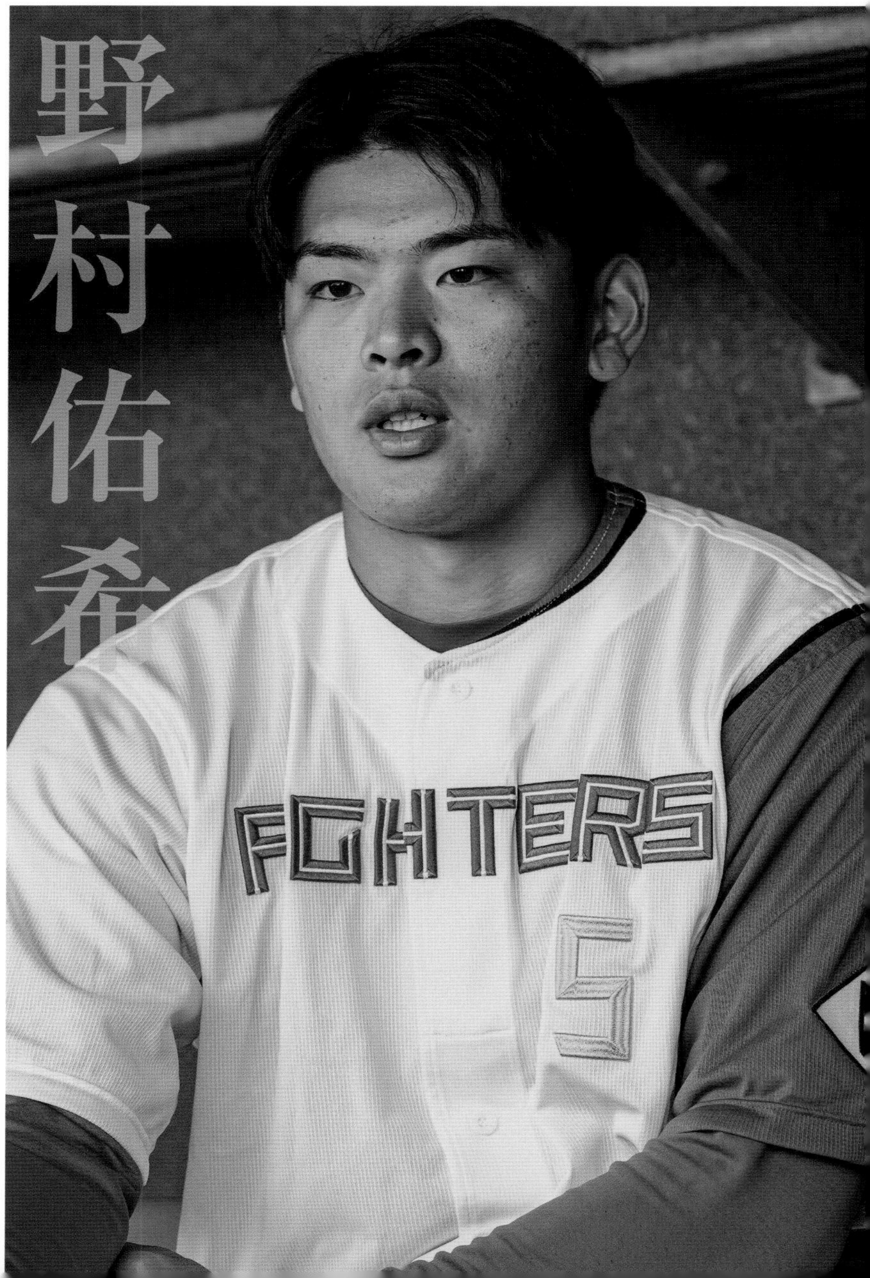

「4番へのこだわりは持ち続けたい」（野村）

野村　これまでも4番を打たせてもらうことは多くありましたが、昨年は開幕4番というプロ入りからの目標がひとつかない、うれしい気持ちでした。しかし、責任ある立場だという気持ちが強く出てしまい、必要以上に肩に力が入り、意識しすぎたかなという反省もあります。

万波　僕も4番を打たせてもらいましたが、大変な打順だと思います。特にJは結構早い時期から開幕4番を告げられていて、本人にしか分からないプレッシャーもあったと思います。そのなかで悔しい経験もして、自分が打たなきゃと考えることも多かったはず。僕個人の意見ですが、今のファイターズで4番らしい4番のタイプは、いろんな経験を踏まえてもJが一番なんじゃないかと思います。

野村　ありがとう。僕自身が4番へのこだわりをなくすのは違うなっていう気持ちもあるので、そこはブレずにいきたいです。そして3人でクリーンアップを打って、再び格別な思いを味わいたいです。

同期・吉田輝星との対戦は今季の楽しみのひとつ

昨季オフに、野村、万波と同学年で同期入団の吉田輝星がオリックス・バファローズへトレード移籍。育成から再び支配下を目指す柿木蓮がSNSで送別会の様子をアップし、「大切な5人」とコメントしたことも話題となった。プロ入りから5年間ともに過ごした仲間との別れをどのように感じているのか。

＊

――吉田投手のトレードを聞いたときはどのような心境でしたか。

万波　寂しい気持ちもありますが、今も頻繁に連絡してくるので、僕以上に寂しがっているのは輝星だと思います。この前も大阪で家を内見しているところから電話してきましたから（笑）。まあ、同じリーグのチームへの移籍なので、対戦する機会もあると思うと楽しみな部分はあります。

野村　同じチームで5年間やってきたので、同級生としては寂しい気持ちが強かったですね。僕も輝星のいちファンでもあるので、日本中を魅了した甲子園での輝きをプロの世界でも、という気持ちを持っていました。できれば同じチームにいる間に見たかった部分もありますが、どう変わるかという楽しみな部分はあります。対戦が実現すれば、プロ1年目のシートバッティング以来になるので、すごく楽しみ。だから、僕自身もその場に立てるようにもっと頑張らないといけないと思います。

万波中正

「チームの勝利に貢献し目標は40本塁打」（万波）

絶対的なレギュラーとしてチームを優勝に導く活躍を

プロ6年目となる2024年シーズン。万波はすでに新庄監督からのレギュラー当確を言い渡されている。一方の野村は、4番奪還を胸に激しいレギュラー争いを勝ち抜くため、バッティングはもちろん、課題の守備でも必死に努力を続けている。

＊

――キャンプインまでの期間は、どのようなことを重点において、自主トレを行っていましたか？

万波　キャンプインからしっかり動けるようにトレーニングはやってきました。具体的には、投げる、走る、打つという動きのなかで大切となる股関節部分を中心に。体の中心となる部分でもあるので、より強い動きができるようにトレーニングをしてきました。そのなかで迎えたキャンプ第1クールでは、いい動きができましたが、一部で疲労から動きが悪かったなという点もあったので、そこも考えながら開幕まで仕上げていければと思っています。

野村　僕は、重いものを早く動かすことをテーマの一つにして自主トレをやってきました。あとは、体幹とか背中とか、動きの土台となる部分を鍛え、スピードを上げるためにウエイトトレーニングもやってきた感じです。キャンプでは第1クールから実戦も経験して、打席の面ではピッチャーと久々に対戦することもあり、少しズレもあったと思うので、そこを改善したいですね。

――打席でのズレとは？

野村　タイミングの取り方ですね。打撃練習では打ちやすいボールがくるので、実戦になるとスピード感など違いが出てくる。そこで自分の理想のバッティングの動きとまだ合致していない部分があるので、そこを改善していければと思っています。

――2024年シーズンは、2年連続最下位という悔しさを晴らし、優勝を目指す1年になるかと思います。その中で、個人として目指すべき数字や目標を教えてください。

万波　チームが優勝を目指すなかで、個人としては40本塁打を達成したいです。すでに監督からレギュラーという言葉もいただいているので、全試合に出場して昨年よりいい成績を残さないといけない。また、打撃だけでなく、守備の面でもチームに貢献しなければいけないと強く思っています。

野村　具体的な数字はないですが、しっかりと結果を残して1年を通して4番を打ちたいです。チームが優勝を目指すなかで、その中心にいたいので。あとは1年間、ケガなくシーズンを終えること。プロ入り後ケガに悩まされることも多かったので、その点にも注意しながら、しっかりと戦い抜きたいです。

＊

入団当初、オフィシャルガイドの企画で同期5人の座談会を実施。そのときは、10代後半らしい初々しさがあった。それから6年の歳月が経った今、ふたりの表情は引き締まり、チームの軸として戦わなければいけないという決意に満ち溢れていた。このふたりが昨年以上の成績を残すことができれば、2016年以来のリーグ制覇、そして日本一も現実のものになるはずだ。

打撃フォーム改造に成功した万波。2年連続で結果を残し真のパワーヒッターへ

伊藤大海

HIROMI ITOH

17

［スペシャルクロストーク］

左右エースとしての覚悟

**オフに大きな補強を行ったファイターズの投手陣。
新たな力が加わるなか、すでに開幕投手が内定している伊藤大海と、
ファイターズでプレーを続けることを決断した加藤貴之への厚い信頼は揺るがないものだろう。
左右のエースとして期待されるふたりに、
今季への思いや開幕投手という重責について語ってもらった。**

加藤貴之

TAKAYUKI KATOH

14

自身最終登板の試合が一番印象的だった

昨季も先発ローテーションを守り続けたふたり。加藤は初の2ケタ勝利とはならなかったが、2年連続防御率2点台をマークし3年連続で規定投球回をクリアした。一方の伊藤もルーキイヤーからの3年連続2ケタ勝利は逃したが、チームトップの134奪三振、プロ入り後初の無四球完封を記録するなど存在感を示した。

*

——昨年のシーズンを振り返って、どのような1年でしたか。

加藤　好不調の波が激しく、いい時期がすごく短かった印象です。ローテーションを守り抜くことも難しい感じでしたが、ケガなく1年を通して投げられたことは素直に良かったかなと。でも、チームを勝たせることができませんでした。そこは先発ピッチャーとしてすごく責任を感じているので、今年はやってやろうという気持ちが強くなっていますね。

伊藤　僕もすごく苦しい時期が続き、思い通りにいかないことが多いシーズンでした。そのなかでいいコンディションを維持できるようにしないといけないと改めて実感しました。そういう意味でも今年は、ベースとなるトレーニングやランニングをシーズン中も取り入れながら戦えるようにできればと考えています。

——伊藤投手は、開幕前にWBCで世界一も経験しましたが。

伊藤　本当に素晴らしい経験をさせていただきました。今まで野球をしていて感じたことのない感覚や気持ちを経験できただけでなく、ダルさん（ダル

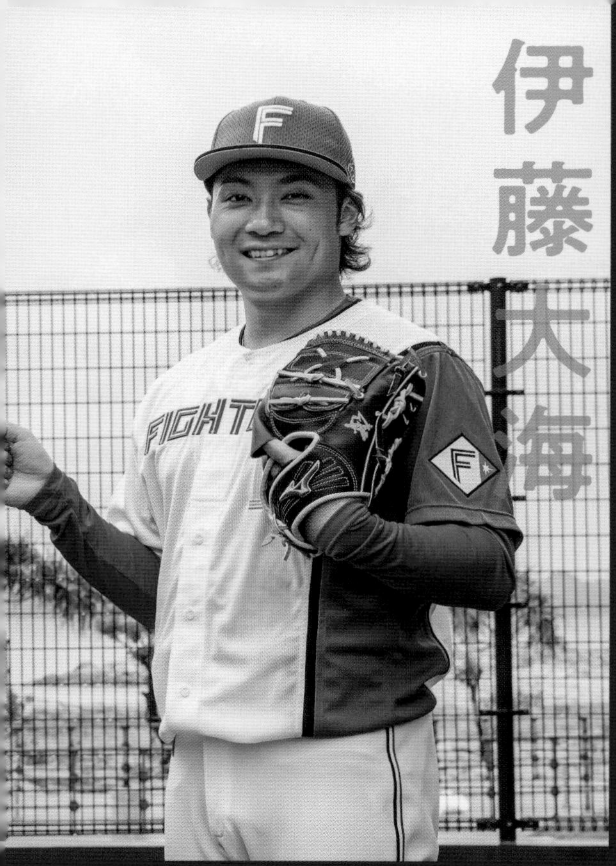

伊藤大海

ビッシュ有／パドレス）、大谷（翔平）さん（ドジャース）、（山本）由伸さん（ドジャース）たちの、野球に取り組む素晴らしい姿勢も目の当たりにできたことも大きかった。僕自身も、先輩たちのような選手になりたいと改めて思うようになりました。

――WBCでは、リリーフ登板となりましたが、調整は難しかったですか。

伊藤　あまり気にすることはなかったです。それよりも、チームに戻ってから先発の調整に戻したときに少し焦った部分もあり、ぐったりした日もありました。そのため、調子の波をどれだけ少なくできるかという、コンディショニングの重要性を改めて感じたことのほうが大きかったです。

――WBCから戻ってきた伊藤投手を見て、加藤投手はどう思われましたか？

加藤　すごい成長を感じましたね。伊藤は、今年からメジャーへ挑戦する上沢（直之／レイズ）と同じくらい後輩たちに尊敬されているので、向上心だったり、取り組む姿勢だったりは、本当にすばらしい。僕も尊敬します！

――昨シーズン、印象に残っている試合はありますか？

加藤　登板した試合はすべて一緒の気持ちで投げています。エスコンフィールド HOKKAIDO（エスコンフィールド HOKKAIDO）の開幕戦も投げさせていただきましたが、あの試合がというのはないです。

伊藤　僕は、昨季最終登板になった9月25日の（東北楽天ゴールデン）イーグルス戦。僕自身もすごく気合がみなぎっていた感じがあったので。あと0対1で敗れてしまったのですが、（山本）由伸さんと投げあった9月2日の試合もいい粘りを見せられて、内容も良かったので投げ終えた後は、清々しい感じでした。

本塁打の出やすさを意識することなく投げていた

新球場の「エスコンフィールド HOKKAIDO」は従来の日本の球場にはない左右非対称なつくりや観客との距離の近さ、またダッグアウトの充実した設備など、見るファンはもちろんのこと、プレーをする選手たちもその素晴らしさに感動する人は多かった。

＊

――昨季は、エスコン開業1年目ということもあり、大きな話題を集めました。実際に選手としてプレーしてみて、どのような感想を持たれましたか。

加藤　僕自身、エスコンだからと特別に意識したピッチングはしませんでした。札幌ドームに比べて狭いというのはありますが、それは対戦相手も同じこと。だから、どの球場だからこういうピッチングをしようとは、まったく考えないですね。めっちゃホームランは打たれましたけどね（エスコンでの被本塁打は11）。でも、そこは仕方ないので切り替えてました（笑）。

伊藤　どの球場でもホームランを打たれるときは打たれるのですが、これまでより狭くなるという部分を少し意識して、探り探りになってしまい窮屈なピッチングをした時期がありました。

――観客との距離の近さについてはどのように感じましたか？

加藤　ブルペンも客席から見える場所につくられているので、常に見られているなっていう感覚はありました。

伊藤　エスコンで登板する試合は、とても新鮮な気持ちでした。昨季はエスコンで1勝しか挙げられなかったのですが、勝ったときにファンも一体となって喜びを分かち合った瞬間は本当に良かった。あの雰囲気を今年は何度でも味わえるように頑張りたいです。

「責任ある開幕投手として必ず結果を出したい」（伊藤）

伊藤はオフの自主トレ期間、体を強くするため、ウエイトトレーニングに重点を置いたという

高評価をしてくれたファイターズで勝ちたい

昨季中に国内FA権を取得した加藤だったが、熟考の末、権利を行使せずに残留を決めた。ファイターズでプレーすることを決めたのはどんな思いがあったのだろうか。

＊

――昨オフの話題のひとつに、加藤投手の残留があります。権利を行使せずに残留を決めた大きな理由は何だったのでしょうか。

加藤　僕自身、FAの権利を取れるとはまったく思っていなかった。そういう状態で権利を得たので、他球団の評価も聞いてみたい思いもあったので、どうしようか本当に悩んで、たくさんの人に相談しました。そのなかで稲葉（篤紀）GM（現・ファーム監督）を含め球団のいろんな方からすばらしい評価をしていただけたので、宣言しなくてもいいかなという気持ちになりました。

――加藤投手の残留を聞いたとき、伊藤投手はどのように思いましたか。

加藤　泣いたよな（笑）。

伊藤　え？

加藤　泣いたでしょ。

伊藤　いや、泣いてはいないですけど、うれしかったです。上沢さんも含めて、ずっと3人で行動をしていたので、ふたりともいなくなったらどうしようかと本当に思っていたので。だから加藤さんが残ってくれて本当に安心しました。加藤さんが投げてくれる試合は、長いイニングを投げてくれるのでリリーフ陣も休めますし、チームにとっては本当に大きいと思います。

――名前が出た上沢投手はアメリカでの挑戦を決断しました。マイナーから

加藤貴之

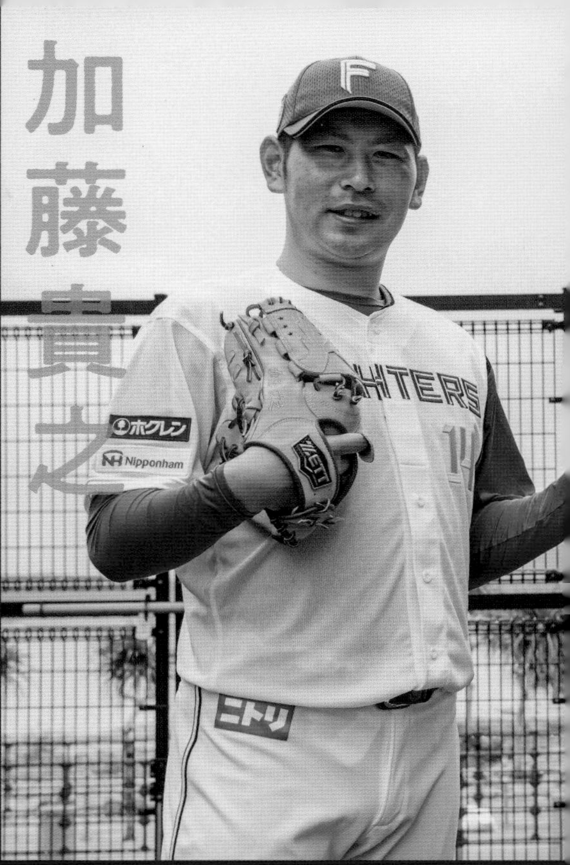

のスタートですが、上沢投手の挑戦をどのようにご覧になられていますか。

加藤 そういう条件でも挑戦するっていうところは上沢らしいなと。その挑戦を僕たちも応援していますし、ぜひ頑張ってほしいです。でも、心のどこかでは戻ってきてほしいという気持ちがあるのも事実です。

伊藤 寂しい気持ちはありますが、いちファンとしてはアメリカでもきっとやってくれるんだろうなという気持ちもあります。上沢さんのこれまでの挑戦を間近で見ていた僕としても、今こういうふうに考えているのかなという部分を楽しみながら見られるのは、とてもうれしく思います。

——もう一度一緒のチームでプレーしたい気持ちが強いですか？

加藤 帰ってくるんだったら、もう一度ファイターズで僕と、伊藤と一緒に3人で頑張れればいいですね。

——そんななか、ファイターズはオフに大きな投手補強を行いました。8年ぶりのリーグ優勝へチームが一体となって戦う姿勢が見られますが、ふたりはその中心として期待値も高いかと思いますが？

加藤 僕自身、やることは変わらない。投手陣を引っ張る、引っ張らないはあくまでも個人の問題なので、過剰に意識することはないです。左の投手も多くなりますし、他の投手に負けないように自分のピッチングができればいいかなと。

伊藤 僕も加藤さんも言葉で引っ張るというタイプではないので、チームのためにという姿勢が分かるようなピッチングをして、ピッチャー陣はもちろん、チーム全体を引っ張っていければなと思います。

自分のピッチングに専念し開幕戦で白星をつかみたい

プロ入り当初から開幕投手へのこだわりを見せていた伊藤。その夢がプロ4年目となる今季、現実のものとなる。初の大役を前に、どのような気持ちで、その日を迎えるのだろうか。

＊

——今季の開幕投手を告げられたのはいつでしたか。

伊藤 昨季最終登板となった9月25日の、キャッチボール前に新庄（剛志）監督から言われました。僕自身は試合に備えている時間だったので、喜ぶとかそういう状況じゃなくて、正直「今、言うの」って感じでした（笑）。

加藤 試合前はね。監督はサラッというんだよね（笑）。

伊藤 とはいえ、その試合はすごく気合も入りました。開幕投手のこともあるから、今日の試合は最後まで投げてくれという言葉もかけてもらったので。結果として最後まで投げることはできませんでしたが、晴れ晴れとした気持ちでピッチングはできた。あのタイミングで言われたので、2024年シーズンを見据えるなかで、オフもいい時間を過ごせましたし、前向きな取り組みもできているなと思います。

——入団当初から開幕投手への強い思いを話されていました。こだわりが強かった理由はどのような理由だったのでしょうか。

伊藤 今回はビジターなので、チームとして最初に迎える守備での第1球になりますが、とても責任ある役目だと思いますので、しっかりと結果を出したいと思います。

——加藤投手は、昨季開幕投手を経験されましたが。

加藤 意識はしないように心がけていましたが、少しフワフワした感じはありました。あとは、勝ちたかったという思いが強いです。

——開幕投手を経験した先輩として伊藤投手にアドバイスはありますか？

加藤 ホームとビジターでは使える時間が違うので、ビジターのほうが少しは楽かなと。あとは、開幕が（千葉ロッテ）マリーンズなので、大声援で雰囲気も違ってくると思う。それにのまれないように。当日、マウンドでフワフワしてしまう気持ちも分かるので、そうなったらなんとかなるっしょと切り替えられれば、大丈夫。

伊藤 ありがとうございます。今、加藤さんが言ったように、なるようにしかならないと思うので自分のやるべき投球をできればと思います。

——今季こそ優勝というムードが高まるなかで、この1年、個人としての目標があれば教えてください。

加藤 規定投球回クリアは当たり前として、170、180イニングを投げて、防御率も2点台中盤くらいが目標。たくさんいる左投手のなかで一番の成績を残せるように頑張ります。

伊藤 僕はイニング数と防御率という点を意識してやっていきたい。イニング数としては僕と加藤さんで340イニング投げられればいいかなと。

——最後に、今季へ向けての意気込みを聞かせてください。

加藤 2年連続最下位で、これだけの補強をしたので、これで負けたら言い訳もできない状況。僕たちは、前をしっかり向いて、1戦1戦を大切に精いっぱい全力で戦っていき、最低でもクライマックスシリーズに出場できるように頑張ります。

伊藤 1戦1戦を戦い抜いて、今季のスローガンでもある大航海ができるように、僕自身もチームもいい形で1年を終えられるようやっていきたいと思っています。

「気負うことなく平常心でマウンドへ」（加藤）

春季キャンプ初日からブルペン入りするなど、順調な調整を続けている加藤

SACHIYA YAMASAKI 18

TORAI FUSHIMI 23

山崎福也 × 伏見寅威

スペシャル
クロストーク

REUNION

～北の大地で優勝の2文字を～

プロ9年目の昨季、初の2ケタ勝利を達成した山﨑福也が、今季からファイターズの一員となった。移籍決断の背景には、かつて苦楽をともにした伏見寅威の存在が大きいという。“サチトラ”の愛称で親しまれるふたりはホーム開幕戦でバッテリーを組むことも新庄剛志監督が明言。２年ぶりの再タッグ結成を前に、深い絆を持つふたりに心境などを聞いてみた。

サプライズをしたかったので 移籍決定の件は連絡しなかった

――２０２４年シーズンへ向けて本格始動となりました。コンディションも含め、現在の心境を聞かせてください。

伏見　新庄（剛志）監督が、今年は競争と言っていますので、僕も例外ではないと思っています。キャッチャーというポジションを奪うためにも、オフから体を鍛えて、練習に取り組んできました。春季キャンプに入ってからも、いい動きができていると思います。

山﨑　まだ環境になれない部分もありますが、みんなが優しく接してくれるなど、やりやすい雰囲気をつくってくれているのでありがたいです。

――一昨年オフに伏見選手が、昨年オフに山﨑投手がＦＡ権を行使して、ファイターズへの移籍を決断しました。伏見選手は、新しい環境でプレーした移籍１年目をどのように感じられましたか？

伏見　想像以上に大変な1年でした。昨年の春季キャンプから、野球をやる環境が変わるだけだという意識だったのですが、いざ始まってみると人間関係がまだ構築されていない状況の難しさを実感しましたね。改めて、自分がどれだけ多くの人に支えられて野球をやってきたかを気づかされました。またチームが変わったことで、バファローズ時代に当たり前だったことが、当たり前じゃなくなった。またその逆もあるなど、発見も多かったので楽しくできた部分もありました。あとは、結果を残せたときに、たくさんの人が喜んでくれている様子を見られたとき、来て良かったと思いましたね。

――山﨑投手がＦＡ権を行使しようと決めた理由は何でしたか？

山﨑　権利を取得したら前向きに考えたいなという気持ちは持っていました。あとは、昨年２ケタ勝利など成績も残せたことで自信にもなり、宣言しやすい環境だったことも大きかったです。

――移籍先をファイターズに決められたあとの入団会見では、かつて父親がプレーしていた球団で、バファローズ時代にともに汗を流した伏見選手、金子千尋コーチの存在が大きかったという発言もありました。

山﨑　信頼できる人がいると心強く思いますし、自身の安心感にもつながる。（伏見）寅威さんとは、ＦＡのこともそうですが、それ以外のことでも連絡をするなど昔からいい関係を築けていて、また一緒にプレーしたいという気持ちもありました。

伏見　こんなこと言っていますけど、僕が（山﨑）福也のファイターズへの移籍決定を知ったのは報道でしたからね。直後に「なんか出てるぞ」って連絡したら、「サプライズをしたかったので内緒にしてました」って。信頼してくれるわりには、肝心なことは教えてくれないんですよね（笑）。まあ、宣言するときからいろいろと相談は受けていたので、いい決断をするとは思っていました。

山﨑　最後の最後までどうするか考えていて、僕が決めた直後に報道が出てしまったので、伝えるタイミングがなくなっただけなんです（笑）。

昨年1年だけでも ゲームづくりがうまくなった

――2年ぶりに“サチトラ”バッテリー復活となりますが、今の心境は？

伏見　結果は個々の努力が影響するも

のなので、僕がリードするから福也のピッチングがさらに良くなるということはないと思います。それでも、古巣時代に話のなかで出ていたのは、1イニングでも長く投げたいということ。実際、もう少し投げられる状況でも交代して悔しがる様子も見てきました。福也は先発完投できる体力があると思っているので、その手助けをしていけたらという気持ちで挑みます。
山崎　先発を任される限り、長いイニングを投げたい気持ちは強いです。寅威さんもこう言ってくれているので、ふたりでバッテリーを組むときは最後まで投げられる試合をひとつでも多くしたいと思います。

――山崎投手はさまざまな捕手とバッテリーを組んでいますが、そのなかで伏見選手のどのような点に魅力を感じていますか？

伏見　僕がいるところで、それ聞きますか（笑）。直接聞くと恥ずかしくなるからイヤなんだけど。
山崎　年齢も2つ違いで、プライベートでも結構頼りにしていることが多いです。寅威さんの言うことを聞いておけば安心なので、心強いです。

伏見は、成長した山崎と再びバッテリーを組むことに期待を膨らませている

――ふたりの良好な関係性が築かれていくなかで、印象的な出来事や会話はありますか？

伏見　僕と福也は出始めが一緒ぐらいなんです。僕もなかなか試合に出られない時期もあり、福也も投げてはいましたが、ローテーションを確立できていなかった。その歯がゆい状況のなかで、そろって「やってやろうぜ」と気持ちが一致した時期があった。そこからふたりでの会話が増えていったのは覚えています。

――それはいつごろですか？

山崎　2020年ですよね。
伏見　そうそう。

「僕が一番、福也の良さを理解している」（伏見）

山崎　その年からバッテリーをよく組ませてもらうこともあり、どんどん信頼関係ができていきました。

――絆の深いふたりですが、それぞれを一人の人間として見た際に感じる魅力などはどこにありますか？

伏見　女々しさがなく、男らしさを感じさせるところ。絶対に陰口は言わず、イヤなことがあれば面と向かって言うのはすごいと思う。
山崎　寅威さんは、とにかく優しい。
伏見　女々しいでしょ（笑）？
山崎　全然、女々しくないですよ。僕の話もしっかりと受け止めてくれるので、一緒にいてまったく苦痛じゃなく、本当に安心感しかありません。
伏見　苦痛だったら言ってくるもんね。近くにいるなって（笑）。

――昨年は対戦する立場となったふたりですが、伏見選手から見て、初の2ケタ勝利をマークした山崎投手のピッチングをどのように見ていましたか。

伏見　昨年、ファイターズは福也にいいピッチングをされたイメージが強いんです。そのなかで三振を多く取れるようになったなという印象ですね。
山崎　そうでした？
伏見　ノックアウトはできなかったんじゃないかな。
山崎　1回ありましたよ。エスコンで序盤に降板したのがあったので。
伏見　でも、それだけだよね。京セラでは結構やられてたと思うので、チームとしての得意意識はまったくなかった。そのなかで一昨年までと比較すると、ゲームのまとめ方もうまくなって、三振を取りたいときに取れていたので、僕と組んでいたときとは、違うなという印象はありました。

――山﨑投手自身、2ケタ勝利を達成できた要因は何だと思いますか。

山﨑　毎年トレーニングに関してもフィジカル的な強化にしてもレベルアップの要因になっていたので、そこは意識していました。あとは、ピッチングのなかでインコースをうまく使えるようになったことが大きかったですね。

福也が投げる試合では必ず僕がマスクを被りたい

――ファイターズは昨季から「エスコンフィールド HOKKAIDO」が本拠地となりました。実際にプレーしてみての感想はいかがですか。

伏見　球場の形や広さを考えると、もっとホームランが出るかなと、ピッチャーをリードする捕手としては厳しい予感はありました。でも、想像していたよりも少なかったので、徐々にその意識はなくなっていきましたね。

山﨑　僕も3試合で投げさせてもらいましたが、いずれも新鮮な気持ちでマウンドに上がれていました。確かに球場が狭いので、一発を警戒しながら投球するときもありましたが、しすぎないようにもしていましたね。今年からは登板機会も増えると思うので、もっと球場のことを勉強して勝てるようにしたいです。

――今年の本拠地開幕戦でふたりがバッテリーを組むことを新庄剛志監督が明らかにしています。それを知ったときの心境はいかがでしたか。

伏見　僕は福也が入ったときから、先発する試合は絶対に組むつもりで準備をしているので、それがたまたまホーム開幕戦というだけですね。準備は万全です。特別な感じもありますけど、

山﨑　一緒ですね。僕が先発するときは寅威さんと組みたい気持ちは強かったので。ホーム開幕戦という大切な一戦になるとは思いますが、しっかりと自分の力を出し切りたいです。

――優勝を目指すチームに貢献するため、個人としての目標をどう定めているか教えてください。

伏見　プロ12年目になりますが、打撃においては、すべてでキャリアハイを更新したい。昨年はめちゃくちゃ悔しいシーズンでもあったので、同じ思いは絶対にしたくない。だからこそ、打つ方でもしっかりとチームの勝利に貢献したいです。そのなかで優勝できれば一番ですし、最低でもクライマックスシリーズには絶対に出場したいです。

山﨑　規定投球回のクリアはもちろんですが、長いイニングを投げて勝ち星を重ねていければと思います。そしてファイターズに移籍したからには、絶対に優勝したいです。

――最後に、応援してくれる多くのファンへメッセージをお願いします。

伏見　年齢も上の方になっていますが、まだまだ若い選手に負けないように元気を出してはつらつとした姿を見せられればと思いますので、応援よろしくお願いします。

山﨑　ファイターズのユニフォームで投げる姿を一人でも多くの人に見てもらいたいです。そのなかでチームを勝利に導けるようなピッチングができればと思っています。

山﨑福也

「信頼できる寅威さんの存在はとても大きかった」
（山﨑）

プレーしやすい環境をつくってくれるチームに貢献したいと意気込む山﨑

2024年
飛躍を誓う若武者たち

57

KOKI KITAYAMA
北山亘基

100%の力を継続して出し
完投型の先発として君臨する

昨季序盤はリリーフで稼働も、5月からは先発へ転向。8月上旬まではローテ入りし6勝をマークしたが、中盤以降はファームでの調整が続いた。「先発転向が決まってから、約1カ月ファームで調整させてもらい、できるところはやり切って先発に挑めたことは良かったと思います。一方で、シーズン中盤以降はローテを外れてしまったので、最後までチームの役に立てなかったのは課題として残りました。僕のなかでは2ケタ勝利も狙えるような状況で先発へ転向できたこともあるので、悔しさもありました」

先発を11試合経験し、「やはり花形ポジションでやりがいを実感した」という北山。今季も先発として、ローテ入りをアピールすることを目指している。そんななかで、オフにはピッチングフォーム改良へ着手。今年からメジャーでプレーする山本由伸（ドジャース）も通っていた整骨院へ行き、体の動きをイチから見直したという。

「最初の立つ姿勢だったり、呼吸法だったりをしっかりと動作に結びつけられるように改善していきました。知れば知るほど、奥深いものばかりで僕に合っている感覚もあります。整骨院については、今までいろんなトレーニングをしていくなかのひとつでしたが、いろんなものを集約するなかで、僕に一番合っている場所だと思ってひとつに絞った形です。山本投手とも話をさせていただく機会もあり、いい経験ができたと思います」

今季のファイターズは、山﨑福也がFAで加入。過去に日本でも実績を残したドリュー・バーヘイゲンの復帰など大きな補強を実施。また若手の台頭もあり、先発ローテーション争いはかなり熾烈を極めるはずだ。そんな環境にあっても、北山は貪欲に自分のポジションを確立したいと話す。

「ローテーションは枠の争いですが、結局は自分自身との戦いになる。プロ野球の世界に入った選手は、誰でも100%の力を出せば活躍できる人ばかりだと思う。だから、周りに目を向けるのではなく、自分自身がしっかり前を向き100%の力を継続して出すためにはどうすればいいか。プロ2年間を経験して、継続する大切さを知ったので、その点をこれからも突き詰めていきたいと思っています」

ルーキーイヤーの開幕投手も含めて、さまざまな経験を積んできた北山。この2年で感じる自身の成長について聞いてみると次のような答えが返ってきた。

「プロ野球の世界は本当に特殊。アマチュア時代とは大きく異なる経験をするなかで、やっとプロの世界はこういうものだという全体像が見えてきた。そのなかで見えた課題も出てきているので、そこにアジャストできればいいかなという思いは強くなりました」

先発完投型の投手になりたいと意気込む北山に、チームが優勝するために、自身がやるべきこと、目標とする点を聞いてみた。

「1年間ローテーションを守るというのは最低限の目標。あとは数多くのイニングを投げること。白星や防御率はどうしても変動していくものなので、そこは意識することなく、年間通して投げ抜くことを意識してやっていきたい」

野球を探求するその姿は、愛称である〝教授〟そのもの。揺るぎない経験を積んだ右腕が、3年目のさらなる飛躍へ着実に歩みを進めている。

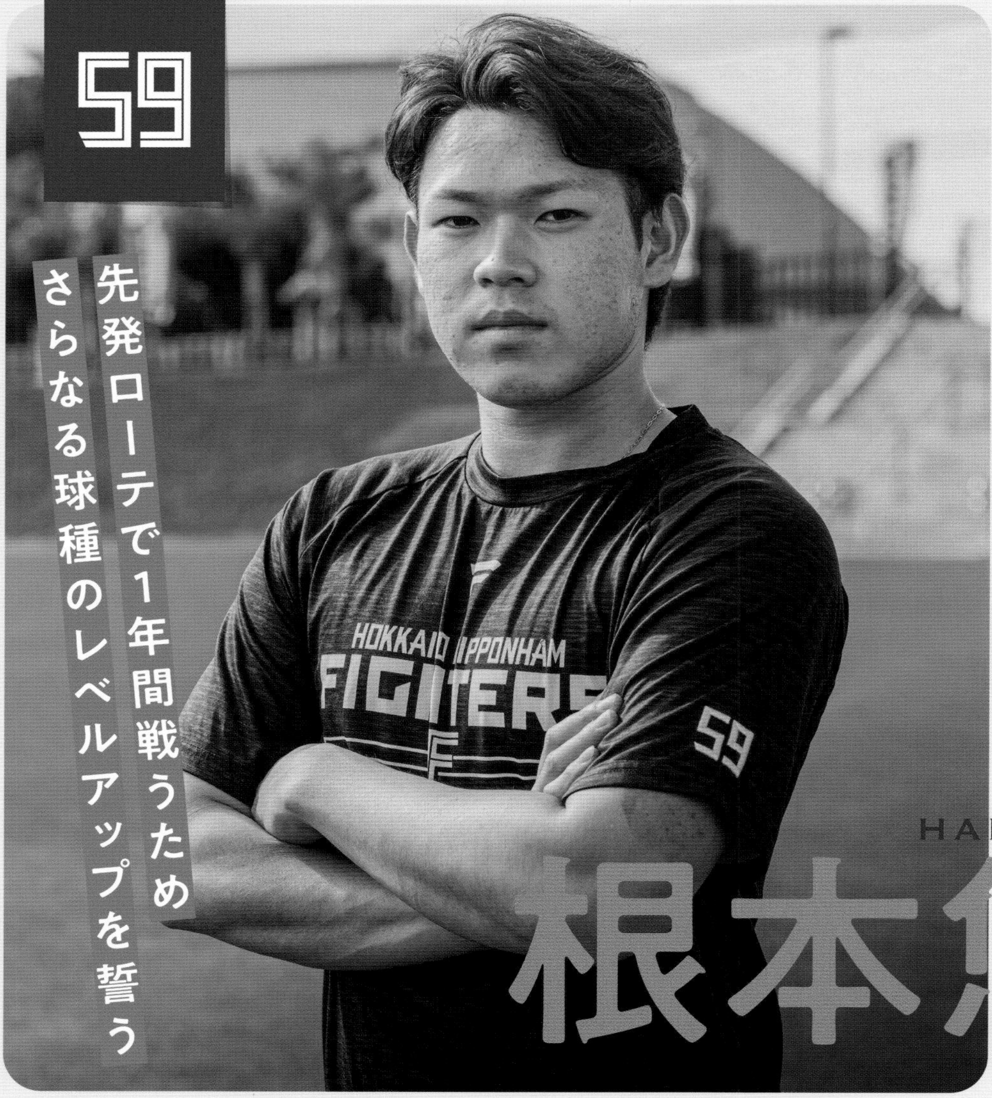

59

先発ローテで1年間戦うため さらなる球種のレベルアップを誓う

HARUKA NEMOTO

根本悠楓

「昨季は、春季キャンプ前に少し体重を落とし、フォームも一昨年のいい状態を継続しようと思っていました。しかし、なかなか自分の理想にフィットできず、ストレートも変化球もイマイチで苦しい時期が長く続きました。でもシーズン終盤にやっと1軍に上がって、3勝できたのはいい収穫でした」

プロ3年目の昨季、春季キャンプからコンディション調整を含め、うまくいかずファーム暮らしが続いてしまった。しかし自らを見つめ直し、調子を取り戻した。1軍登板は5試合に終わったが3勝を挙げ、防御率も2点台後半と安定感を示した。この好投が認められ、オフに行われたアジアプロ野球チャンピオンシップにU－24のメンバーとして侍ジャパン入り。大会では中継ぎとして2試合で5イニングに登板し被安打1、奪三振7と優勝に大きく貢献した。井端弘和監督からは「MVP級の活躍をしてくれた」と称賛された。

「10月から取り組んできたフォークボールを高い精度で投げることができたのは大きかった。相手のいいバッターに対してフォークで三振を取る場面もあったので自信がつきました」

シーズン終盤とオフの代表戦を経験して、今季への飛躍になるヒントをつかんだ根本。オフは、ボールの質向上を目指してトレーニングに励んできたという。

「真っすぐの強さを追い求めたいので、そこを重点としたトレーニングをしてきました。あとは、抜け球が多いという課題を克服し、安定したピッチングができるように制球力アップにつながる練習も行いました」

そのトレーニングのなかには、新球『スラッター』の習得もあった。金子千尋ファーム投手コーチからの勧めでチャレンジしているボールで、スライダーとは異なり小さく速く曲がるのが特徴だ。このボールを自分のものにできれば先発ローテーション入りへ向け、頼もしい武器となるはずだ。2月3日に行われたチーム初の紅白戦でも1球ではあるがスラッターを試し、「いい感覚だった」とコメントした。

「初の実戦でいい感じに投げられたのは良かった。これからもっと完成度を上げていきたいです。また、紅白戦初登板の際にはチェンジアップ、フォークといったほかの変化球の感触も良かった。今はゾーンを意識したピッチングなので、これからは三振が取れるように打者を抑え込む投球にシフトしていきたい」

プロ4年目を迎える今季。2年連続で春季キャンプは1軍スタートとなり、順調な調整を続けている。山﨑福也の加入で先発型の左腕も多くなり、1軍定着のためにも圧倒的な結果が求められるはずだ。

「プロに入ったばかりのころは、ストレートとスライダーしか投げられなかったのですが、今はいろんな球種を覚え、いいときと悪いときの差がなにかも分かるようになってきた。トレーニング方法や感覚もいろいろと知識がつき、いい方に向かっている。ローテ入りはそう簡単ではないかもしれませんが、今季は絶対に1年を通して1軍で活躍したいと思います」

同僚からは、「将来必ずエースになれる存在」とその才能を高く評価されている根本。これには「うれしいですが、意識せずに自分のことを精いっぱいやって結果を出したい」と話す。若き道産子左腕が、今季秘めたる才能を本格化させるのは間違いない。

3

パワフルな打撃を確立させ 一発で試合を決められる選手に

GOSUKE KATOH
加藤豪将

逆輸入ルーキーとして注目を集めたNPB1年目のシーズン。春季キャンプ直前の自主トレで骨折するアクシデントに見舞われるスタートになってしまった。だが、懸命なリハビリと練習を積み重ねて、5月下旬に1軍昇格を果たしデビュー戦の初打席でヒット。そこから10試合連続安打というNPBタイ記録を打ち立て、メジャー経験者の実力を見せつけた。しかし、その後はなかなか調子が上がらず8月下旬にはファーム落ちを経験。シーズン終盤には1軍復帰を果たすも、打率は2割台前半と悔しい数字が残った。

「アメリカと日本で野球ができる選手は数少ない。そういうチャンスをいただけたことはとてもすばらしいこと。そのなかで昨年、NPBタイ記録をつくれたり、スランプに陥ったりと、たくさんの経験ができました。僕にとっては新しいチャレンジの年でもあったので、いいことも悪いことも経験できたのは、本当に良かったです」

アメリカと日本の野球の違いも体感しながら、すばらしい1年を過ごせたという加藤。そのなかで、スモールベースボールが中心だと考えていた日本野球に対して、一発の重さを実感。自身も一発でチームの勝利に貢献できるような選手を目指したいと考えるようになったという。

「アメリカでは1試合で複数ホームランが出るのは当たり前で、大量得点が入るケースは多い。でも日本では1点差のゲームもすごくあって、1本のホームランで試合が決まるケースも多かった。万波（中正）の一発で試合が決まる場面とかを目の当たりにして、僕もああなりたいと感じたんです。だから今季はアメリカ時代も経験のないパワフルなバッティングに対応できるように、ドライブライン（アメリカのトレーニング施設）で打球速度を高めるトレーニングや体づくりをしてきました。昨年チームで2ケタホームランを打ったのは4人（万波、アリエル・マルティネス、野村佑希、清宮幸太郎）。ここに僕が加われたら、チームの得点力アップにもなり、より面白い存在になるんじゃないかと思います」

現在チーム内では、激しいポジション争いが繰り広げられている。シーズンを通して1軍で活躍するためには、自身のアピールがとても重要となる。

「僕自身、レギュラーを取るためという意識はなく、〝プロ野球選手の加藤豪将〟が、どこまで成長できるかを大切にしている。アメリカでドラフトされてメジャーに昇格し、日本でもドラフト指名された選手は僕が初めて。そんな選手がアメリカから日本に来て成長をすれば、自分もやれるかもと思う人が増えるはず。だからこそ、自身のレベルをどんどん伸ばしていきたいと思います」

メジャーリーグの野手は、総合的な能力が必要とされるため、代打や代走が送られるケースは少ないという。しかし日本では、走攻守それぞれでスペシャリストが存在し、ベンチでスタンバイをしている。この違いも加藤には大きな衝撃になったという。

「打撃はもちろんですが、なにかひとつ技術が飛び抜けている選手も1軍のベンチにはそろっている。そういうチーム事情を考えたとき、僕の強みはバッティングだと思うので、そこをより強化させてチームの勝利に貢献できる存在になりたいですね」

30歳を迎える今季も、貪欲に己の成長のため努力を続けることを誓う。

58

TAIKI NARAMA
奈良間大己

出続ける強さを身に着け 1軍の戦力として戦い続けたい

「プロ1年目を経験して見えた課題は、やはりバッティング。浮き沈みが多くあり、最終的には2割台半ばという数字しか残せなかった。やはり、打率に関してはこだわりのひとつではあるので、今年はなんとか改善できるようになれればと思っています」

1軍で65試合に出場したルーキーイヤー。後半戦に限れば打率・273と能力の高さを見せる場面もあったが、年間を通して存在感を示すことはできなかった。だからこそ、昨オフはバッティング向上へ向けて必死のトレーニングを行ってきた。また守備においても、田中広輔（広島東洋カープ）、中村奨吾（千葉ロッテマリーンズ）らとの合同自主トレを経験し、さまざまなアドバイスを受けたという。

「1軍の試合に出続けるためには、何が必要かという点において、いろんな考え方を聞かせてもらいました。また体の使い方なども含め、自分に足りないものは何かが明確になったのは、良かったと思います」

激しい内野のポジション争いを制するためには、バッティングはもちろんのこと、守備面のレベルアップも必要となる。昨年オープンした「エスコンフィールドHOKKAIDO」は、天然芝の部分と土の部分で球足に変化が出るという。現役時代6度ゴールデングラブ賞を獲得し、昨オフの秋季キャンプで臨時コーチを務めた荒木雅博氏もその難しさを指摘していた。それでも地の利を生かすためには、選手が順応していく必要がある。

「守備に関しては、すごく対応力が求められる。1年目の僕には、引き出しも少なく対応できないことも多かった。そのなかでいろんな経験ができたことは大きい。今後はそれをしっかりと生かして対応力を磨いていきたい」

さまざまな経験をしたプロ1年目。いい時期、悪い時期があったなかで、奈良間自身がアマチュア時代と違う点をどう感じたか聞いてみた。

「調子が悪くなったときに、どのように対応すればいいのかが難しかった。アマチュア時代は、リーグ戦の期間も短いので、そこに照準を持っていくようにすれば乗り切れた。でも、プロのペナントレースは半年以上続きますから、やり続けることに慣れるまで時間がかかった。それが前半戦であまり数字が残せなかったことにつながったと思います。だからこそシーズンを通して試合に出続けている（松本）剛さんら先輩たちを見ていると、いろいろな強さを持っているなと感じます。そういう先輩たちをしっかりお手本にすれば、僕自身にも出続けるための強さが身につくと考えています」

プロ2年目となる今季。春季キャンプ中も紅白戦などで攻守にわたりアピールを続け、1軍定着へ向け歩みを進めている。そんななかで目標に定める数字を聞いてみると、次のような答えが返ってきた。

「試合に出続けてレギュラーの座をつかむ存在になるためにも、打率・280以上は打ちたい。あとは、ファンの皆さんに安心してプレーを見てもらえるような選手になりたい。ライバルは多いですが、周囲を気にすることなく、自分のやるべきことをしっかりとやりぬきたいと思います」

昨オフに結婚も発表し、気持ちも新たに迎える今季。2年目の飛躍へ、前だけを見つめチームの勝利に貢献できるように突き進んでいく。

RESTART

北の大地で躍動を狙う

眠っていた打力がついに開眼
ユーティリティーを新たな武器に

30 郡司裕也
YUYA GUNJI

「ファーム暮らしが続き、モチベーションを高めることも難しい状況でのトレード。失うものはなにもなく、心機一転という気持ちが強かったのも、いい結果が出た要因だと思います」

慶應義塾大在籍時は東京六大学リーグで三冠王に輝き、ベストナインも3度獲得。攻守ともに即戦力と期待され、２０１９年にドラフト4位で中日ドラゴンズに入団した。しかし、プロの壁は厚く結果を残せない日々が続いた。武器の打撃に磨きをかけるため、捕手以外のポジションにも挑戦。それでもなかなかチャンスを手にすることはできなかった。そんななかで昨季6月にトレードでファイターズに加わると、持ち味の打力でアピールし、キャリアハイの55試合出場を果たした。

「移籍後に好調が続いたのは良かったと思います。一方で9月に失速して打率を落としてしまった。技術面もそうですが、体力面の課題もあったと思うので、そこは克服したいです」

昨季は4つのポジションをこなしユーティリティープレーヤーとしての存在感も示した。今年の春季キャンプでもサードに挑戦するなど、貪欲な姿勢を見せている。レギュラー争いが加熱するなかで複数ポジションをこなせることは武器となる。それでも郡司は、一番のこだわりはバッティングと語る。

「打撃で数字を残せばどのポジションであれ使わざるを得ないと思う。だからこのオフも長打を増やすために、体脂肪を落として筋力量を上げるトレーニングに励みました」

今季の目標は全試合出場と2ケタホームラン。自分はモチベーターと語る右の強打者の存在は、チームに活気を与えるに違いない。

自身が納得するピッチングで
中継ぎの中心的存在に

67 山本拓実
TAKUMI YAMAMOTO

167cmと小柄な体格からは想像がつかないダイナミックなフォームが特徴の山本。高卒でプロ入りすると、1年目から1軍デビューし、2年目には3勝を挙げるなど着実な成長を見せた。しかしプロ3年目からなかなか結果がでず、中継ぎで活路を見いだそうとしていたが、数字が伴ってこなかった。そんななかで昨年6月にファイターズへトレード移籍。すると、リリーバーとしての才能が開花し、26試合で防御率1点台とアピールした。

「体のケアやコンディションには自信があった。それはプロ入りから大きな故障がないことでも証明されていたと思います。あとは、首脳陣に使ってもらうようになればという気持ちでした。そのなかでトレードが決まったので、自分が変わる、いいきっかけになるとプラスに考えました。移籍後はずっと1軍に帯同でき、いいピッチングもできたので本当に良かったです」

体の丈夫さを自負する山本は、143試合すべてで登板する気持ちで準備をしているという。春季キャンプ前には、韓国のトレーニング施設『ＳＳＴＣ』で動作解析を行った。これまでも国内の施設で解析は行っていたが、なにか違いが見つかるかもしれないと海を渡ったという。

「いいときのフォームと悪いときのフォームの微妙な違いも明確になった。これまでも多くのトレーナーさんからいただいたアドバイスについても、合致した部分も見つかったので、自分にとっていい発見になりました」

層の厚いリリーフ勢の中心として活躍するための準備は整った。山本の言葉を聞いていると、頼もしい新たな鉄腕誕生を予感せずにはいられない。

監督の気持ちに応えるため セカンドのレギュラー取りへ

35 福田光輝

KOKI FUKUDA

昨年3月にトレード移籍。開幕前ということもあり、心の整理がつかない時期もあったが、周囲から「絶対にマイナスなことではない」と言ってもらったことで、自身にとってプラスになると強く思うようになったという。それでも環境の変化への順応など苦労することも多かったと話す。

「生活からすべてが変わりましたから、最初は戸惑いも多かった。マリーンズ時代とはチームの行動内容もまったく異なるので、慣れるのに必死。昨年に関しては、本当にあっという間に1年が終わった感じです」

慌ただしいなかで迎えた新天地でのシーズン。出場数はキャリアハイとなったが、すべての数字が納得できるものではなかった。本人も「結果だけ見ればダメだと思う」と反省する。それでも、「技術面で苦労することはたくさんありましたが、野球をする上での環境は本当にすばらしいものなので、今年以降はしっかりとチームに貢献できるように頑張りたいです」と前を向く。

内野すべてのポジションをこなせる点は大きな武器だ。そのなかでレギュラーへの思いも強く、今季はセカンドで勝負したいという。「新庄(剛志)監督からもセカンドで勝負しようと言われていますので、そこを勝ち取りたい」と強い決意も語ってくれた。

「レギュラー獲得へ変化をつける意味でも、オフは自身でメニューを組み立てトレーニングに励みました。自分に足りないもののデータなどをすべて洗い出して、どんなトレーニングをすればプラスになるかを考えました」

1軍の戦力となるため、しっかりと自分を見つめ直した福田の決意が報われることを願いたい。

先発として勝つ喜びを 北の大地で幾度も味わいたい

32 黒木優太

YUTA KUROKI

ルーキーイヤーに55試合に登板。6勝3敗、25ホールド、2セーブ、防御率4・22という数字を残した。プロ2年目は17ホールドと数字は下げたが39試合に登板。しかし、プロ3年目に右ひじを故障しトミー・ジョン手術をすることに。その後育成契約となりつらい日々を過ごしたが、リハビリなどにも耐え2020年オフに支配下復帰。そこから徐々に調子を上げていき22年には4年ぶりに1軍マウンドへ返り咲いた。

「右ひじを手術して、1年以上ボールを投げることができなかった。野球を始めてから初めての経験でしたから、ボールが投げたくても投げられない歯がゆさは感じました。その一方で、やっぱり野球が好きなんだと改めて実感できたので、モチベーションを保つことができたと思います」

再発防止を第一に考え、リハビリを含めさまざまなトレーニングを重ねたことで、ケガ前よりも自己管理能力を養えたという。昨季はプロ初の先発も経験したが、結果は残せず。そしてオフにトレードでの移籍が決まった。

「ひとつのチームで長年プレーする魅力もありますが、今までと異なる環境でチャレンジできるのも素晴らしいこと」

新天地では先発としての地位を確立したいと意気込みを教えてくれた。

「先発は、いろんな打者と数回対戦するなかで、さまざまな配球をしていく作業がとても面白いんです。そして長いイニングを投げて勝利したときは、中継ぎとは違った別の喜びがある」

ルーキーイヤーに輝きを放ったストレート。当時の勢いを取り戻し、さらなるレベルアップができれば、完全復活も夢ではない。

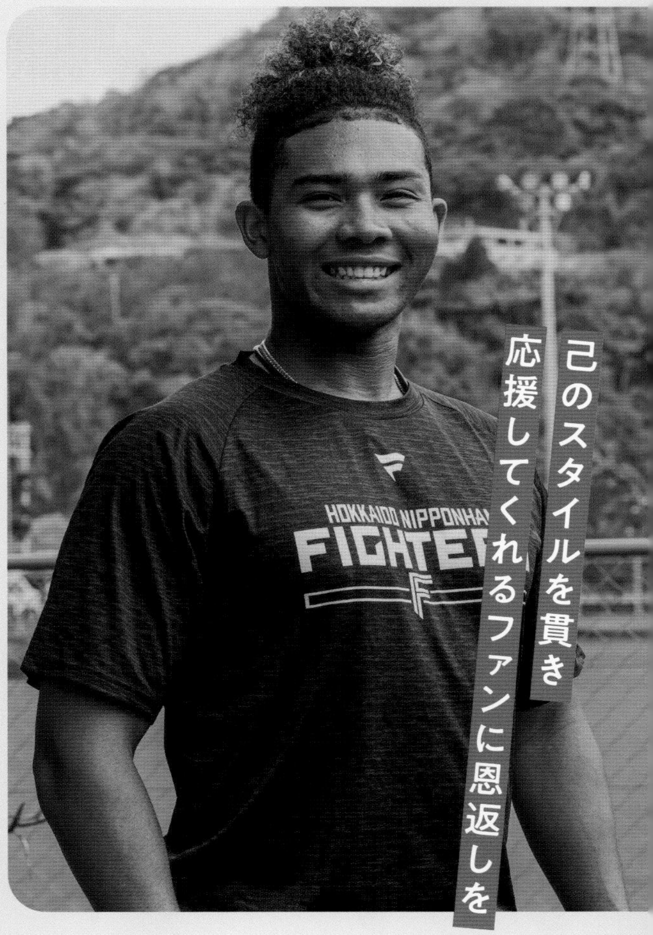

己のスタイルを貫き応援してくれるファンに恩返しを

SHUN MIZUTANI

53 水谷 瞬

11球団が1巡目で1位指名をするなど、2018年のドラフトは高校生選手豊作の年だった。昨オフの現役ドラフトでファイターズへ移籍した水谷瞬も、卓越した身体能力を持つ高校生外野手として注目され、この年にプロ入りした一人だ。プロ5年間で1軍出場はないが、昨季はファームで83試合に出場し、打率.259と成長を見せた。新たな場所でのスタートになるが、気負うことはないと話す。

「移籍が決まったときは、真っ白な状態でした。それから少しずつ時間が経ち、春季キャンプでファイターズのユニフォームを着て練習をしていくなかで、実感がわいてきた感じです。僕のなかでは、チームは変わっても野球をすることに変わりはないので、これまでのスタイルを貫き通して、まずは1軍の舞台でプレーをしたいです」

チームには、同じ年にプロ入りした同級生もいる。なかでも同じ外野の万波中正は、昨季大ブレイクした。

「若い選手が多いチームなので、同級生をはじめ年齢が近い選手はとても刺激になります。そういうなかで競争に勝ち抜くためにも、強い精神力が必要。技術面の向上はもちろんですが、精神的な強さも養わないとチームを引っ張る存在にはなれないので」

春季キャンプは2軍スタートも紅白戦などでアピールし、途中で1軍に合流した。

「今年の僕のテーマは、応援してくれるファンのために頑張ること。まだまだ僕のことを知らないファンも多いと思いますが、プレーを見て元気になってもらえたりするように頑張ります」

己を貫く若武者は、チームの起爆剤になってくれるはずだ。

最高の投球を見せる準備に励み若手の手本としての役割も果たす

YOHEI KAGIYA

130 鍵谷陽平

「小さいころから野球を始め、プロの世界でも10年以上プレーしてくると、自分のなかで納得できる終わり方は何なのかという点も大切になる。この世界にいれば、つらい現実を突きつけられることは必ずあるので、毎年覚悟を持って臨んでいた。昨オフ、その立場になった後、ファイターズに声をかけてもらい、野球を続けられることになったのは本当にうれしかった」

5年ぶりの古巣復帰となる道産子リリーバーは、もう一度チャンスをくれたファイターズへの思いを語ってくれた。昨年、一昨年と思い通りのピッチングができなかった裏には、ケガもあるが、自己管理の足りなさも影響したという。

「もう少し管理ができていれば、ケガにもつながらなかったと思う。1軍で投げるピッチャーは圧倒的なパフォーマンスを求められるので、もう少しやり方を考えなければいけなかった。そこはしっかりと反省し、今年以降のピッチングにつなげていきたい」

もう一度1軍のマウンドで投げるということが最大の目標だが、若い投手たちの手本となれるような存在にならなければいけないとも考えている。

「自分が好き勝手にやればいいという年齢ではない。野球に取り組む姿勢というもので、これから伸びていく若い選手たちのプラスになることを示すことも、球団から求められているもののひとつだと思います。ですので、僕としては安定したコンディショニングを整え、最上級のパフォーマンスができるようにしていくだけです」

所属した2球団で優勝に貢献し、どんな状況でも、貪欲さを見せる経験豊富なベテランの存在は、きっと若手の成長の源になるだろう。

NEW COMER

ドリュー・バーヘイゲン

45

DREW VERHAGEN

プロ野球選手としてのキャリアを考え
再び日本でプレーする道を選ぶ

2020年と21年にファイターズでプレーし、計13勝を挙げたドリュー・バーヘイゲン。3年ぶりの来日となる24年シーズンは、コロナ禍だった以前と異なり多くのファンの声援のなかでピッチングを披露できる。日本独自の応援スタイルのなかでの登板にも興味を示す助っ人右腕に、ファイターズ復帰の決め手や今季の意気込みなどを聞いてみた。

2月4日、春季キャンプを行う沖縄県名護市のタピックスタジアム名護で行われた復帰会見。バーヘイゲンは、「このユニホームが好きなので袖を通すことができてうれしい。エスコンフィールドでユニホームを着てプレーすることを楽しみにしています」と笑顔を見せた。

　2012年のMLBドラフト4巡目で、デトロイト・タイガースの指名を受けてプロ入り。14年にメジャー初昇格を果たすと、中継ぎとして活躍。19年にはメジャーキャリアハイとなる4勝をマークした。そのオフにファイターズ移籍が決定。当時、「チャンスがあればアメリカ以外の国でプレーしたいと考えていた。だからファイターズからオファーが来たときは、迷うことなく決断ができた」と話してくれた。

　来日1年目の20年は、新型コロナウイルス感染症拡大の影響で開幕が6月になるなど、難しい調整を強いられた。それでも開幕から先発ローテーションに君臨。来日初登板となった6月25日の（東北楽天ゴールデン）イーグルス戦では、小雨が降る悪いコンディションでも6回を投げ被安打3、失点2（自責点1）という貫禄あるピッチング。見事に初登板初勝利をつかむと、先発ローテの一角として18試合に登板し、チームトップタイの8勝を挙げた。翌年は、前半戦はコンディション不良に悩まされ、勝ち星は伸びなかったが、後半戦は安定感を取り戻すピッチングで存在感を示した。

　日本でのプレーは2年で終わったが、22年からはメジャーに復帰。昨季はセントルイス・カージナルスで中継ぎとしてキャリアハイの60試合登板で5勝、防御率も3・98と数字を残した。オフにはFAとなりメジャーの他球団からもオファーがあったが、ファイターズ復帰という道を選んだ。

「決断した理由は3つある。1つは、前回ファイターズでプレーしたとき、選手、スタッフの皆さんと楽しくかけがえない時間を過ごせたことで、もう一度このチームでプレーしたいと考えていたこと。2つ目は、先発がしたいという強い思いがあったこと。3つ目は今後の人生を考えた上で、どの条件がベストなのかという点。すべてのオファーを比べたとき、ファイターズが僕を本当に高く評価してくれていたので、もう一度日本に戻ってプレーすることが、今後の自分の成長にもつながると考えたんです」

　古巣からの最高のオファーに感謝するバーヘイゲン。そして、メジャー復帰後に最高の成績を残せたのは、日本でプレーした経験が大きく役立っているとも教えてくれた。

「ファイターズで先発をやらせていただいたなかで、1試合1試合、チームのために必死に戦わなければいけないという意識を再確認できた。またルーティーンをはじめ、自分がやるべきことが明確にあるなかで、どのように自身の調子を上げていけばいいかなど、すごく考えられたのも良かった。このような意識の変化もあり精神的にも強くなれたことで、メジャーに戻ってからのいい成績につながったのは間違いないと思っています」

　自身の精神的成長を促してくれたからこそ、先発へのこだわりも強くなっていったという。

「先発をやることが、今後の野球人生を送るうえでも大切なものになると考えています。先発はルーティーン化されているので、体のケアを含めて1試合に集中できる。そのため、シーズンが進むごとにどんどん良くなっていくことも、日本での経験で分かったこと。自分が常に万全な状態で投げられることが明確になったことでも、先発への思いが強くなりました」

　チーム合流から2日後の2月6日にブルペン入り。カーブ、スイーパー、チェンジアップなど、ストレートだけでなく、変化球の具合も確かめるように50球を投じた。時差の関係で、万全なコンディションではなかったが、変化球の質がアップしていることを周囲に知らしめる内容となった。

「ベストではなかったが、最悪というわけでもなかった。先発としてしっかりとスタミナをつけていくという意識をもってのブルペンだったので、内容を考えれば良かったと思う。今後もしっかりと体調を整えて、万全な状態で開幕を迎えられるようにしたい」

　3年ぶりのチーム復帰となり、当時とは少しメンバーも変わったファイターズ。若手選手も多く、より活気にあふれていると感想も述べた。

「以前にも増していい雰囲気になっていると思います。才能ある若手選手も多く、外国人も有能な選手が集まっている。そんなみんなと今シーズンを戦っていけるのは本当に楽しみ。新庄（剛志）監督もいろんなことをたくさん経験されている方だと思う。まだゆっくり話したことはないですが、印象もすばらしいので、たくさんのことを学びたいと思います」

　今季からアメリカへ渡る上沢直之（レイズ）からエスコンフィールドの映像を見せてもらったというバーヘイゲン。

「僕が見てきたなかで最高のスタジアム。だから早くマウンドに立ってプレーしたい」と心躍らせている。外国人登録の関係もあり、1年間先発ローテーションを守り抜くには、チーム内競争を制することも必要だが、過去の経験も武器に結果を出したいと意気込む。

「今季僕が投げる試合はすべて勝つという意識で投げたいと思う。そのためにも、体調面を整えるのはもちろん、制球力、変化球の質など細かい点の向上も必要になってくる。そこをクリアできれば、チームの勝利に貢献できるピッチングができるので」

　より高みを目指すために、再び日本でのプレーを決意した右腕。先発ローテーション争いは熾烈を極めるが、強い意思と経験を武器に持つ彼なら、必ずやチームを優勝に導くキーマンとしてファンに素晴らしいピッチングを見せてくれるに違いない。

31 PATRICK MURPHY

パトリック・マーフィー

Q&A マーフィーって どんな人??

Q.どんな性格?

自分では努力家で、勤勉な性格だと思っています。新しいことを学んだり、いろいろな人と知り合うのが好きです。ときにはジョークを言って笑わせたり、一緒に笑うのも好きだったりと、明るい一面もあります。

Q.ファンになんて呼んでほしい?

Murph(マーフ)と呼んでください!

Q.野球以外で得意なスポーツまたは趣味は?

実力はまだまだですが、ゴルフやパターゴルフをするのは好きです。ほかにはスポーツ観戦や、家族・親しい友人と時間を過ごすことが好きです。

Q.特技はある?

妻いわく掃除・掃除機がけだそうです(笑)。ほかにはカードゲーム、パターゴルフ、コーンホールなどといったゲームやアクティビティーが得意です。

Q.リフレッシュ方法は?

好きなドラマを観ること、スポーツをすること、散歩に行くこと、妻と娘と出かけることが好きです。

Q.日本で行きたい場所、やりたいことはある?

まずは札幌に何があって何ができるのかを探索することが楽しみです。東京に行くのも待ちきれないですし、家族と一緒に東京ディズニーランドに行きたいです!

Q.好きな食べ物は?

パスタとペパロニピザです。

Q.楽しみにしている日本食はある?

今まで食べたことがないので、ラーメンを食べるのを楽しみにしています。

Q.日本で野球をすることになり、家族の反応はどうだった?

新しい文化に触れ、日本という美しい国を見られることにすごく興奮していました。

掃除が得意な大型右腕 ニックネームは“マーフ”

幼少期からいろいろなスポーツを経験しましたが、野球が一番楽しくて10歳になるころには1年を通して野球をプレーしていました。これまでのキャリアで印象的な出来事はたくさんあるけど、2013年からケガと手術で3年間欠場していたので、16年のマイナーリーグのデビュー戦は強く思い出に残っています。その他には18年に、ハイAで最優秀投手賞を受賞したこと、20年9月18日のフィリーズ戦、コロナ禍による無観客試合のメジャーリーグデビュー戦、21年に初めてファンや家族の前でメジャーリーグの舞台で登板したこと、22年ナショナルズで、キャリア初の開幕1軍に入れたこともいい思い出です。

僕は普段から、登板前のルーティンや、登板間のトレーニング、ブルペン投球などこだわっている部分は多い方だと思います。ファンの皆さんの前で力強い投球をお見せできる日を心待ちにしていますし、皆さんの力強い応援が本当に楽しみです。チームの勝利に貢献し、そして日本一の座を北海道へ持ち帰られるように尽力します!

42

ANEURYS ZABALA

アニュラス・ザバラ

Q&A

ザバラって どんな人??

Q.どんな性格?

音楽が好きで、明るく、負けず嫌いで野球への思いは誰にも負けません。特に、好きなことにはとことん従事し、結果が出るまで努力を絶やすことは絶対ありません！

Q.ファンになんて呼んでほしい?

今までは「La pierda（ラ・ピエドラ）（石）」、「Lanza llama（ランサ・ジャマ）（火玉を投じる者）」と呼ばれていました。ストレートを投げている僕を見て、「まるで石を投げているかのように速く見える！」などと思ってもらえたことに由来しています。

Q.野球以外で得意なスポーツまたは趣味は?

パターゴルフや、日本でいう「打ちっぱなし」が好きです。気軽に継続できるところがいいですね。

Q.特技はある?

料理の腕には自信があります！ 肉、米、煮豆、バナナを潰して焼いたドミニカの郷土料理が得意です。車の運転も得意で、ドライブが大好きです。

Q.リフレッシュ方法は?

iPadでゲームをすることや、部屋でゆっくり休むこと、新鮮な空気に包まれながら深呼吸することです。

Q.日本で行きたい場所、やりたいことはある?

映画『ワイルド・スピードX3 TOKYO DRIFT』の舞台となった東京の夜景、街並み、代表的なビューを見ることを楽しみにしています。

Q.好きな食べ物は?

白米、ロシアンサラダ、赤色の煮豆、ステーキなどが好物です！

Q.楽しみにしている日本食はある?

カツ丼がとても楽しみで、どんな味がするか興味深いです！ いろんな日本料理にめぐりあうことも楽しみにしています。

Q.日本で野球をすることになり、家族の反応はどうだった?

故郷のみんなは喜びに満ち溢れ、安心してくれました。それと同時に、時差や文化の違いについて心配する声も聞こえましたが、心配な気持ちをのみ込んでまでも、僕を応援してくれるみんなのために、全力でプレーします。

火の玉ストレートを操る 料理が得意な剛速球右腕

いつかアジアで野球をしたいと思っていたので、今回のチャンスを最大限に生かし、必ずファイターズの主軸を担う偉大なピッチャーに成長すると決心しています。日本の選手は礼儀正しく、何事に対しても丁寧に向き合うイメージです。しかしフィールド上ではまるで野獣のごとくパワフルなプレーを連発する選手へと一変するのがすごいです。大谷翔平選手（ドジャース）はまさにその代名詞だと思います。

ストレートの威力、変化球を交えた奪三振が僕のトレードマークです。また、どんな状況でもアグレッシブで粘り強い姿勢を怠りません。チームが負けていようとも、逆境を好機に変えることができると信じています。自らのプレーでチームメイトを活気づけられるよう、チーム内での自分の役割を果たす姿をお見せします。そして必ずやチームのリーグ優勝と日本一に貢献します！ また、常に応援していただける選手でいるためにコンディションを入念に整え、全力プレーを怠りません。ファンの皆さん、応援よろしくお願いします！

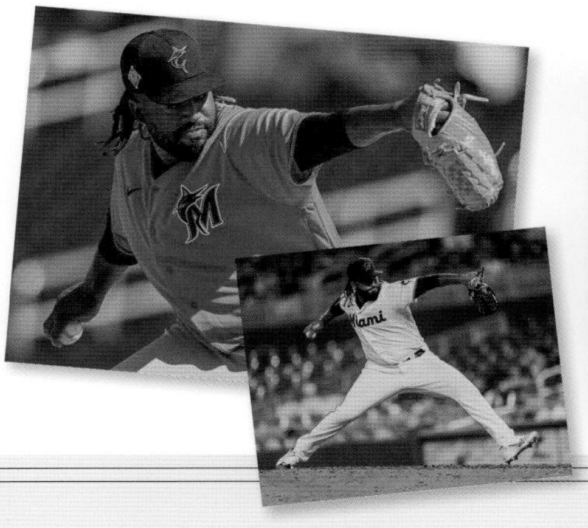

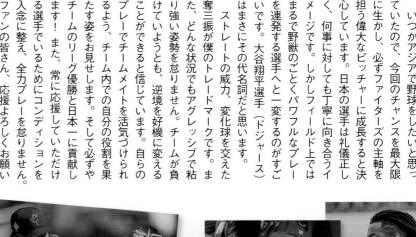

6 ANDREW STEVENSON

アンドリュー・スティーブンソン

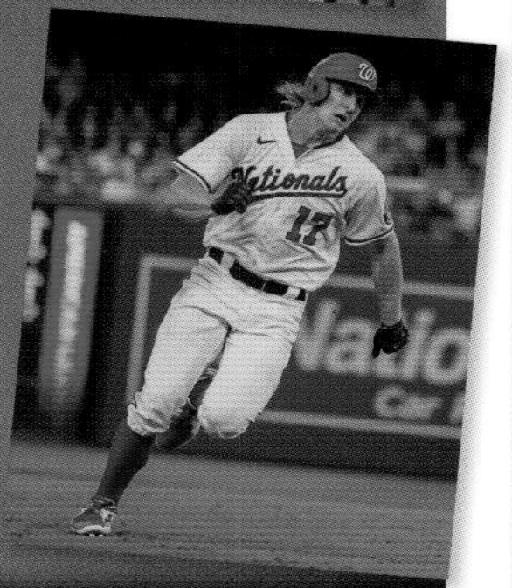

塁を狙う眼差しはまさにハンター
マイナー通算183盗塁の俊足外野手

小さいころに野球を始めて、練習でうまくなることが楽しくなっていったのがきっかけで野球にハマっていきました。これまでの野球人生のなかで印象的なのは、メジャーリーグでのデビュー戦。僕にとって、とても特別な試合でした。また、ワールドシリーズに出場したチームでプレーしたことも僕にとっては特別な出来事です。

今回、ファイターズでプレーしようと決めたのは、自分のキャリアでこのタイミングで日本に行くことが正解だと思ったからです。僕と妻はいつも日本に旅行をしたいと思っていたし、ファイターズでプレーできる機会をいただけてとてもうれしく思っています。日本のファンは野球を好きでいてくれて、チームへの応援もしっかりとしてくれる印象です。また、日本人選手たちはとにかく一生懸命にプレーをしますし、堅実なプレーをしていると思います。僕もそのなかでプレーできるのを心から楽しみにしていますし、ぜひ僕のダイビングキャッチを見てほしいです。チームの勝利に貢献できるよう、一生懸命プレーします！

Q&A スティーブンソンって どんな人??

Q.どんな性格?
覚悟のある、自信のある、おおらかな性格です。

Q.ファンになんて呼んでほしい?
「スティーヴィー」か「スティーボ」と呼んでほしいです！

Q.野球以外で得意なスポーツまたは趣味は?
野球以外で得意なスポーツはアメリカンフットボールで、趣味はハンティングと釣りです。

Q.特技はある?
バーベキューなどのグリルです。

Q.リフレッシュ方法は?
家族と過ごすことです。

Q.日本で行きたい場所、やりたいことはある?
日本を探索することや文化についてさらに学べることを楽しみにしています。娘が、ミッキーがとても好きなので東京ディズニーランドに行って楽しみたい！

Q.好きな食べ物は?
ガンボという、ルイジアナ州を起源とするスープ料理が好きです。

Q.楽しみにしている日本食はある?
お寿司と和牛を食べることが楽しみです。

Q.日本で野球をすることになり、家族の反応はどうだった?
日本で野球をすることになり、家族みんなとても興奮していて、日本に来ることを待ち遠しく思っています。

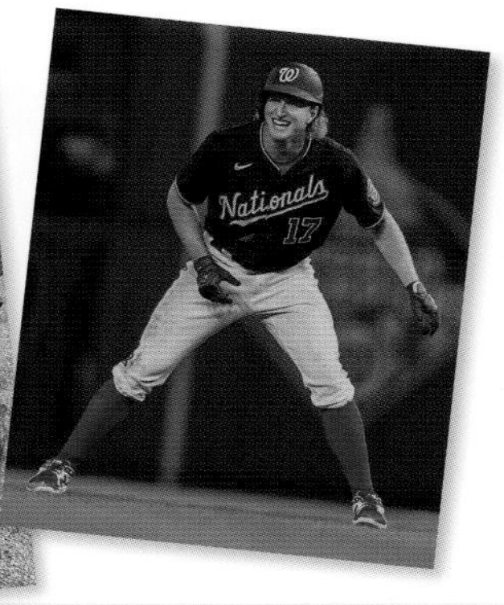

99

FRANMIL REYES

フランミル・レイエス

Q&A レイエスって どんな人??

Q.どんな性格?

明るくよく笑い、社交性が高いです。好奇心が旺盛で、より多くのことを正しく理解できるよう、徹底的に観察します。

Q.ファンになんて呼んでほしい?

"la Mole (ラ・モーレ)"。映画『ファンタスティック・フォー』に登場するザ・シングのスペイン語名で、大きな体で長打力を発揮することが由来です。あとは"The Fanimal (ザ・ファニマル)"。"Animal"とかけた造語で、獣のように縦横無尽なプレーをすることが由来です。

Q.野球以外で得意なスポーツまたは趣味は?

野球への愛が強く、野球オンリー!

Q.特技はある?

写真映りの良さ! 僕は「イケメン」の部類に入るかは分かりませんが、身にまとう衣服を格好良く見せることが特技です。

Q.リフレッシュ方法は?

そもそもストレスがたまらない(笑)。強いて挙げるなら、冷たい水で首と顔を洗うこと。幼いころに賢人であり続けるよう地元の大人たちから教わりました。

Q.日本で行きたい場所、やりたいことはある?

おいしい料理にたくさんめぐり合いたいですね。チームメイトお墨つきのレストランがあれば、ぜひ連れて行って! あと、日本の素晴らしい景観を見たいです。

Q.好きな食べ物は?

白米(ぱらぱらして乾いている)、豆料理、お肉が入ったドミニカ料理が大好物!

Q.楽しみにしている日本食はある?

焼肉、寿司、ジンギスカン、焼き魚。パドレス時代に牧田和久選手(現・福岡ソフトバンクホークスコーチ)と、毎週火曜日は日本食の日と決めて、たくさん紹介してもらい、その時に食べた焼き魚がおいしく、好物となったけど、料理名を忘れてしまった。

Q.日本で野球をすることになり、家族の反応はどうだった?

家族は祝福してくれました。ここ数年、僕はとても厳しい時間を過ごしており、家族もそれをよく知っていました。そのため、今までの努力が報われたことを心から喜び、幸せを分かち合いました。

パワー全開の陽気なドミニカン "鉄拳制裁タイム"でホームラン量産だ!

新庄剛志監督がサウナ直撃弾を期待していると聞いて、『TOWER11』までの距離をチェックしました。できると思いますが、球場に行ったら可能かどうか確かめます(笑)。

カブス時代に同僚だった鈴木誠也選手は試合後に球場でバットを振り続けていました。「これは日本のしきたりなの?」と質問すると、彼は常に新しい発見を求め、自分を進化させようとしていました。彼は人生において、とても大切なことを僕に教えてくれたのです。僕も毎日球場で練習し、そこで最低1つは新しいことを必ず発見しようと思っています。貴重な練習時間を最大限に生かすために高い集中力で、日々練習に臨んでいます。また、試合中と思いながら練習することも、僕のこだわりのひとつです。状況に応じて最も適切なプレーを高い確率で成功させるために、練習は必要不可欠。本当の試合開始はプレーボールではなく、練習の時間。僕はそう思っています。最後に、レッツゴー! ファイターズ! たくさんは語りません。言葉でなく、実際のプレーで証明します。

196 SUN YI-LEI

孫易磊

Q&A イーレイってどんな人??

Q.どんな性格?
ごく普通です。

Q.ファンになんて呼んでほしい?
イーレイと呼んでください！

Q.野球以外で得意なスポーツまたは趣味は?
ビリヤードとボウリングは得意です。

Q.特技はある?
ギターと歌は得意だと思います。

Q.リフレッシュ方法は?
ゲームをすることです。

Q.日本で行きたい場所、やりたいことはある?
北海道でスキーをしたいです。

Q.好きな食べ物は?
マグロの刺身と台湾の牛肉麺（ビーフラーメン)。

Q.楽しみにしている日本食はある?
日本のラーメンと寿司は楽しみにしています。

Q.日本で野球をすることになり、家族の反応はどうだった?
家から離れるので少し寂しいですが、すごく応援してくれています。

U-18台湾代表として活躍した歌とギターが得意な台湾の宝!

僕が野球を始めたのは、兄と一緒にプレーしたことがきっかけです。僕の野球人生で思い出に残っているのはアジア大会で日本代表と対戦したことです。日本の選手は野球に対して細かく、最後まで諦めない気持ちが強い印象がありました。今回日本でプレーすることを決めたのは、日本は台湾からとても近くて、僕自身、食事が合います。何より、日本で野球をやってみたいという気持ちが以前からありました。そのため、ファイターズからオファーが来たときは、とてもうれしい気持ちでした。ファイターズには、僕が高校2年のころから注目してもらっていましたし、自分だけでなく自分の家族にも丁寧に説明してくれたことがとても印象に残っており、チームの皆さんがすごく温かく感じました。

ファンの皆さんにはうまくいかないときもしっかりと練習をして、一つひとつの壁を越えていく姿勢をみせたいと思っています。一生懸命頑張って、早く支配下登録の選手になってチームの勝利に貢献したい気持ちが強いです。頑張るので応援してください。

“大航海”に加わる新たな精鋭たち

2023年10月に開催されたドラフト会議で、ファイターズが指名した8人の若者たち。即戦力として期待される選手や、チームの将来を担う逸材まで才能高き選手が勢ぞろいした。そんな彼らにプロ野球選手としての未来像を中心に決意を語ってもらった。

細野晴希

HARUKI HOSONO

29

投手

小学2年生のころから本格的に野球を始めましたが、高校入学ぐらいまでは、チームの中心で活躍したいという意識はあまりありませんでした。しかし高校2年のとき東京都の選抜チームに選ばれ、キューバ代表との試合を経験。そのときから、なんとなく野球への取り組みも変わり、周囲からも「変わったね」という言葉をかけてもらうようになりました。そして大学入学前に、プロ野球選手に必ずなるという目標を立てて、今まで取り組んできました。その結果としてファイターズに１位で指名していただいたのは、本当にありがたかったです。一方で、同じ大学リーグで戦ってきた6人の選手が先に名前を呼ばれたことには悔しさが湧いてきました。今もその気持ちは変わっていないので、プロでは同期の誰よりも早く活躍して、誰からも認められる“世界一の投手”になりたいです。

進藤勇也

YUYA SHINTOH

33

捕手

ドラフト当日は、緊張もあり、楽しみな一面もありと、初めて味わう複雑な感情でした。そのなかで名前を呼ばれたときはうれしかったですし、グラウンドで同級生たちが祝福をしてくれたので、今後は仲間たちの思いも背負ってやっていきたいと気持ちを引き締めました。また、合同自主トレから多くのファンが練習を見に来てくれるなど、大学時代とは違う光景を目にするので、ファンのためにという気持ちも出てきています。ここまで野球をやってきて一番のターニングポイントは高校での3年間。監督、コーチから一球、一球、頭を使い、考えて野球をやるようにと言われてきたなかで、取り組む姿勢が変わったことがプロ野球選手になれた要因の一つだと思います。1年目から1軍で活躍するためには、自信のある守備をアピールしたい。そして球界一の捕手といわれる存在になりたいです。

宮崎一樹

36

KAZUKI MIYAZAKI

外野手

僕がプロを意識し始めたのは、大学3年の秋ごろ。大学日本代表の合宿に参加した際、同世代の選手から刺激をもらい、自分でもさらに上のレベルで勝負できる可能性を感じたことが大きかったです。ドラフトで指名された直後、うれしさが込み上げてくるなか、須田喜照監督と目が合い握手したことはとても印象的でした。入寮してからは、野球に打ち込めるすばらしい環境で、多くの人の支えもあり充実した日々を過ごせています。体の使い方や知識の面など、まだまだできていないことも多いので、一日でも早く1軍のレベルに到達できるように頑張っていきます。プロでは、今メジャーで活躍されている鈴木誠也選手（カブス）のような5ツールプレーヤーを目指していきたい。そのなかでも、外野のポジションにはバッティングに優れた選手も多いので、しっかりとアピールしたいと思っています。

明瀬諒介

65

RYOSUKE MYOSE

内野手

ダルビッシュ有投手（パドレス）や大谷翔平選手（ドジャース）のように球界を代表する選手が数多くいたファイターズに入団し、プロ野球選手としての第一歩を踏みだせたことはとてもうれしいです。鹿児島城西高では、元プロ野球選手だった佐々木誠監督のもとでたくさんのことを学ばせてもらいました。一番印象に残っていることは、毎日のように「練習のときからホームランを打て」と言われたこと。練習でできないことは試合でもできないということを気づかせてもらいました。プロの世界でも佐々木監督から教わったことを生かせるように、まずは武器のバッティングに磨きをかけながら、その他もレベルアップしていきたいです。そして将来的には三冠王を取りたいです。ホームラン王だけでは物足りない気持ちもあるので、打率も打点もしっかりと稼げる選手に成長したいです。

星野ひので

68

HINODE HOSHINO

外野手

野球をやっていた父の影響もあり小さいころからキャッチボールをして遊んでいました。そして小学4年生から本格的に始めると、負けず嫌いな性格もあり、同級生の誰よりもうまくなろうと野球にのめり込んでいきました。小学生で所属していたチームのスローガンが、“野球は楽しく、かっこよく”というものでした。これは今でも心に残っていて、つらいことがあってもこの気持ちを忘れないようにしています。高校2年のとき右ひじをケガし、しばらくリハビリを強いられるときもありました。しかし、この期間で自分自身をもう一度見つめ直すことができ、練習への取り組み方なども変えられたことは大きかったです。高卒1年目ということもあり、まずはプロの環境に慣れることが最優先ですが、自分の武器であるバッティングに磨きをかけて、侍ジャパンの4番を任せられる存在になりたいです。

濵田泰希

111

TAIKI HAMADA

内野手

高校最後の夏の県大会で敗れたときから、この悔しさを忘れずに野球を続けようと考え、どんな結果になってもいいからプロ志望届は出そうと思いました。そして小さいころからの夢だったプロ野球選手としてのスタートを切ることができうれしく思っています。今は「やってやるぞ」という気持ちが強くなっています。ファイターズは、メリハリがありながら楽しく野球をしているイメージが強いので、その環境でプレーできるのも楽しみです。しっかりと時間をかけて成長し、2ケタ背番号をもらえるように頑張ります。将来は新庄（剛志）監督のようにプレーでも結果を残し、ファンも喜ばせられるような選手になりたいです。そのためにも、まずは自分の武器であるバッティングをアピールしていきたい。そしてショートとして守備でも走塁でも貢献できるようになりたいです。

平田大樹

112

DAIJU HIRATA

外野手

小椋和也監督からの薦めもありプロ志望届を提出しましたが、選ばれるとは思っていなかったので、名前が呼ばれたときは本当にビックリしました。小さいころはサッカーにも興味があったのですが、祖父の薦めで野球をやるようになりました。そして小学6年生のときキャプテンを任され、自分が引っ張らなければいけないと考えるようになり、野球にのめり込むようになりました。高校2年の秋には、新型コロナ感染後に髄膜炎を発症。入院などで野球ができない時期も経験し、モチベーションも下がり野球をやめようと思ったときもありましたが、チームメイトの励ましで立ち直れました。まだまだ自信を持ってアピールできるものはないですが、バランスの良さは武器だと思うので伸ばしていきたい。そして憧れの坂本勇人選手（巨人）のようになれるように頑張ります。

加藤大和

113

YAMATO KATOH

投手

ドラフト当日は、指名されるか不安な気持ちでいっぱいでしたが、名前を呼ばれてホッとしました。プロ野球の世界に入って感じたのは、トレーナーも含め関わってくれる人の多さ。これだけ多くの人たちに支えてもらえるなかで野球に専念できるワクワク感もあり、絶対に成長したいという気持ちになりました。また、ファイターズは育成力の高いチームだと思っているので、このチャンスを生かせるようにしたいです。高校1年のときに田口聖記監督から「プロを目指しなさい」と言われ、努力を続けてきました。高校3年の春、なかなか結果が出せず苦しい時期も過ごしましたが、田口監督からのアドバイスなどで乗り越えられ、自信をつけることもできました。まずはプロで戦える体力をつけ、支配下に入りたいです。そして、チームの主力になってファイターズに恩返ししたいです。

©POWERSTATION

泊まる!

イイネ!がいっぱい!

「エスコンフィールドHOKKAIDO」だけでなく、さまざまな施設が点在する「HOKKAIDO BALLPARK F VILLAGE」。ファイターズの試合がないときに訪れても、存分に楽しめるボールパークとして進化を続けている。ここでは、イイネ!がいっぱいの施設情報のほか、各エリアの注目ポイントをチェックしよう!
話題の公式キャラクター「えふたん」もいるよ♪

※営業時間などは店舗ごとに異なりますので詳細は各店舗までお問い合わせください

\ 最新情報をチェック! /

Instagramアカウント
fvillage_official

Xアカウント
@FVillagePR

F VILAGE公式サイト

北海道ボールパーク
Fビレッジ在住

くまの子
えふたん

F VILLAGE完成とともに生まれ、F VILLAGEに住んでいる。人間に興味津々で、人間のことを独学中。知識に貪欲で、子どもなのにいろいろ知っている。ただ、にわか知識なので、少しずれた発言をする。永遠の1才児である。(人間年齢5 ~6才)

えふたん Xアカウント
@Ftan_official

遊ぶ!

F VILLAGE は

HOKKAIDO BALLPARK

食べる!

ACCESS

電車

- JR札幌駅からJR北広島駅……約17分
- JR新千歳空港駅からJR北広島駅……約20分

バス

- JR北広島駅から……約5分
- JR新札幌駅から……約25分
- JR野幌駅から……約25分
- 新千歳空港から……約55分

車

- JR札幌駅方面から……約40分
- 新千歳空港から……約40分

自転車

- JR札幌駅から……約90分
- JR北広島駅から……約8分

徒歩

- JR北広島駅から……約19分

詳しい
アクセス情報は
こちら

PARKING

試合日は事前に駐車券をご購入いただいた車両に限り、Fビレッジ内の駐車場の利用が可能です。試合当日、駐車券のない車両は駐車できませんのでご注意下さい。また、2024年からファイターズ、Fビレッジのマスコットキャラクターの名前に名称変更になりました。

- 旧C10 ➡ **フレップパーキング**（砂利敷き）
- 旧C11 ➡ **ポリーパーキング**
- 旧C12 ➡ **えふたんパーキング**（砂利敷き）

[Fビレッジのエリア外 駐車場]

Fビレッジまで約2キロ……中山機械㈱駐車場（往復バス送迎なし）
Fビレッジまで約2・5キロ……星槎道都大学駐車場（無料往復バス送迎付き）
Fビレッジまで約5キロ……札幌北広島ゴルフ倶楽部駐車場（無料往復バス送迎付）
Fビレッジまで約5・3キロ……サンパーク札幌ゴルフコース駐車場（無料往復バス送迎付）

※変更等が生じる場合がございます。詳しくは球団公式サイトをご確認ください

詳しい
駐車場情報は
こちら

エフ ビレッジ アドベンチャー パーク

F VILLAGE ADVENTURE PARK

F VILLAGEで遊ぶ!

HOKKAIDO BALLPARK

世代はもちろん、季節を問わずに楽しめるアドベンチャー施設が盛りだくさん。「TOWER 11」にあるミュージアムもリニューアルする予定なので要チェック!

ここが **イイネ!**
まるでホームランボールのように、大空へ飛び出せる「SWING MAX」はブランコが好きな子どもたちなら、大満足間違いなし!

大自然の中で思う存分遊びを満喫!

新感覚アトラクションが多数そろったエリアがこちら。空中アスレチック「SKY ADVENTURE」の高さは、地上8mを誇り、全長200mのコースに刺激的な14のアイテムが設置されている。なかでもおすすめは、圧倒的な疾走感を得られるZIPライン。長さは90mあり、スピード、スリル感ともに大満足! また、大型ブランコ「SWING MAX」は冬期間も楽しめる。約5分の空中遊戯では、大空に飛び出す感覚だけでなく、エスコンフィールドを含む壮大な景色を眺められる。日常では体験できないアトラクションの爽快感を思う存分堪能しよう。

価格表

アトラクション	おとな	こども
SKY ADVENTURE	3,850円	2,750円
SWING MAX	1,000円	1,000円
SKY ADVENTURE+SWING MAX	4,400円	3,300円

TEL 090-1799-0898
時間 4月〜11月中旬 9:30〜17:00
※冬期間はSWING MAX・FOOD TRUCKのみ営業

エフ プレイフィールド

F PLAY FIELD
supported by NIHON HOUSING

“ミニエスコンフィールド”には遊びの要素が盛りだくさん!

エスコンフィールドを縮小した無料の遊び場がこちら。エリア内には、長さ約25mの「Wケーブルウェイ(ターザンロープ)」に「デイジースイング」と「バードネストブランコ」と2種類のブランコが配置されており、小さい子どもでも楽しめる。また、不定期でボール遊びなどのイベントも開催されるので要チェックだ!

スノーパーク

Snow Park

手ぶらでスキーが楽しめそりや雪遊びのエリアも!

スノーエスカレーターを備えるなど初心者に優しい心配りが魅力で「スキー体験エリア」と「そり・雪遊び」エリアの2つがある。ウエア&スキーのレンタルが可能で、初心者にうってつけのプライベートレッスン(要予約)も行っている。

時間 9:30 〜 16:00 ※冬期のみ営業

冬季限定

ゴルフ エックス

GOLF X

最先端シミュレーターでお手軽にゴルフを堪能!

天候や時間に左右されずに気軽にバーチャルゴルフ体験が可能。実在する複数のコースが選択できて、1台数名(推奨4人)でプレーができる。ショットやアプローチ、バンカーなどシチュエーション別に練習が行えるモードも搭載。初心者でもリアリティー感満載のラウンドを楽しめる。

利用料金 1名あたり:60分1,000円、30分500円(レンタル込み)
レンタル クラブセット、シューズ、グローブ、ボール
受付場所 TOWER 11 1Fインフォメーションセンター

プレイロット バイ ボーネルンド

リポビタンキッズ PLAYLOT by BørneLund

ここが **イイネ!**

「屋内ゾーン」には日本初登場となる木材遊具「ロビニアキャッスル」が設置されている。芝生もあるので心地がいい!

ここでしか遊べない とっておきの遊具がそろう

約1,900㎡という広々としたスペースが確保されており、遊びのプロ「プレイリーダー」が常駐しているので、安心して子どもを遊ばせられる。「屋内ゾーン」には、1歳半までの子どもが遊べる「ベビーガーデン」や体をめいっぱい使う「アクティブ・オーシャン」などがある。「屋外ゾーン」には、高さ6mの大きなネット遊具で、ルートを考えながら頂上を目指せる「ジャイアント・ドーム」、ポンプで水をくみ上げる遊具が設置された広大な砂場「サンドファクトリー」などが完備されている。

価格表

	時間制料金		1DAYパス
	最初の30分	延長30分ごと	何度でも入退場可
こども（6ヶ月～小学6年生）	900円	500円	1,800円
おとな	試合がない日 900円	延長料金はかかりません	試合がない日 900円
	試合日 1,400円		試合日 1,400円 ※エスコンフィールド入場券付き

時間 10:00～19:00（ナイター試合日は21:00まで）

クボタ アグリ フロント

KUBOTA AGRI FRONT

©KUBOTA

©KUBOTA

©KUBOTA

日常に欠かせない食と農業を家族みんなで考えてみよう

生きていく上で欠かせない“食と農業”の魅力や可能性を学び考えるきっかけとなる場所をテーマにした体験スペース。ダイナミックで美しい映像空間で“食と農業”の素晴らしさや、直面している課題を学ぶことができるシアターや、農場経営者のひとりとなりながら、フードバリューチェーンについて学習できる「農業経営シミュレーションゲーム」などがある。さらに、最先端技術を活用した農作物栽培の展示やこだわり食材でつくられたメニューが味わえるカフェなどを完備。子どもたちの夏休みの自由研究にもピッタリの場所だ。

価格表

プログラム	対象	入場料
施設見学ツアー（30分）	すべて	100円（未就学児は無料）
施設見学と農業経営ゲーム「AGRI QUEST」体験ツアー（80分）	小学4年生以上の学生	300円

時間 10:00-18:00

※月曜休館。カフェは18:00まで

※月曜祝日の場合は翌火曜定休。カフェは17：00まで

じょうばくらぶぎんざ ほっかいどう

乗馬倶楽部銀座 HOKKAIDO

北海道ではココだけ! リアルな屋内乗馬体験

日本初のスタジオ型乗馬体験クラブが北海道に上陸! 最先端の技術を駆使したシミュレーターに騎乗し、CG画面と連動したリアルな乗馬・競馬体験ができる。

価格表

メニュー		料金
体験メニュー	乗馬チャレンジ	800円／5分 1,500円／10分
	競馬チャレンジ	1,800円／10分
レッスンメニュー	乗馬レッスン	2,800円／20分
	馬術レッスン	4,500円／30分
	競馬レッスン	4,800円／30分

ユニ・チャーム ドッグパーク

ユニ・チャーム DOG PARK

野球観戦も可能! 愛犬家なら1日中楽しめる

約1,500㎡の広々とした空間で愛犬と思い思いの時間を過ごせる。小型犬から大型犬まで利用可能で、洗い場やペットグッズの売店もある。10kg未満の愛犬なら「ユニ・チャーム マナーウェアドッグスイート」で一緒に野球観戦を楽しむこともできる。

価格表

		料金
入場料	会員	500円／1頭あたり
	ビジター	1,000円／1頭あたり
新規会員料（ビジター不要）		2,000円／1年
貸切		10,000円／1時間

時間 9:00～18:00（6～8月は9:00～19:00）

※月曜休（祝日および試合開催日は営業）。※冬季休業、悪天候の場合は休業※持参品・狂犬病予防注射済票、混合ワクチン接種証明書 当日確認ができない場合は入場をご遠慮させていただきます※FAVメンバー及びF VILLAGEアカウントの「ユーザー ID／会員番号」をご提示ください※ユーザー ID（会員番号）が確認できない場合はご利用いただけません。事前にユーザー IDの取得をお願いします

ここが イイネ！

エスコンフィールドと沢の間にあり、北海道の豊かな自然も楽しめる。新たな出会いや発見が多いのも魅力だ！

Shoppingもイイネ！

F VILLAGEの中心に位置する、さまざまなトレンド発信基地。
2階建ての建物内にはアパレル、スポーツブランド、
コスメ、アンテナショップなど6つのショップが点在。
試合がない日もショッピングやサイクリングが体験できる。

THE LODGE

時間 10:00〜19:00

1F

poool -Espresso Bar-

プール -エスプレッソバー -

“個性がプールされ、出会いがループされる”がコンセプトのエスプレッソバー。オリジナル焙煎のスペシャルコーヒーと、厳選した北海道ミルクが絶妙にマッチするカフェラテを中心に至極の一杯を提供。

THE NORTH FACE F VILLAGE

ザ・ノース・フェイス エフビレッジ

人気アウトドアブランドで、アパレルだけでなく“ファミリーキャンプ”“キッズキャンプ”をテーマに豊富な品ぞろえ。商品の販売だけでなく、テント・タープのレンタル（1週間〜最長2週間）も行っている。

Specialized Hokkaido Ballpark F Village Experience Center

スペシャライズドホッカイドウボールパーク エフビレッジエクスペリエンスセンター

世界的自転車メーカーのサイクリング体験ができるアジア初のエクスペリエンスセンター。最先端のロードバイクや電動バイクをレンタルし、隣接するエルフィンロードで走ることもでき、北海道の自然環境を生かした情報を発信している。

2F

ICHIBIKO 北海道ボールパークFビレッジ

イチビコ

東京都世田谷区のスイーツ専門店が北海道初上陸。宮城県のいちご農園ミガキイチゴファームから直送される濃厚な甘さが特徴的ないちごをふんだんに使ったこだわりのアイテムがズラリ。

HUB HOKKAIDO SELECT SHOP

ハブ ホッカイドウ セレクトショップ

北海道内から厳選した特産品やお土産を販売している。スタッフ自らが現地に足を運んで選んだ商品が並ぶ。試合観戦のおつまみ、スナックのリピーターも急増中。

AINZ&TULPE F BEAUTY 北海道ボールパーク店

アインズアンドトルペ エフビューティ

国内外のコスメアイテムやヘルスケア用品、国内最大級となるトラベルグッズコーナーも見逃せないほか、食に関するアイテムも充実。Fビレッジでのお困りごとはここで解決。

＼ 試合がない日も楽しめる! ／

STADIUM TOUR

昨年16万人にご参加いただいた「エスコンフィールド スタジアムツアー」は2024年も絶賛開催中。グラウンドウォークをはじめ、チームエリアやインタビューエリアなど、ボールパークの裏側をファイターズガールがご案内します！

Pickup 1 案内はすべて ファイターズガール

ファイターズの大航海を盛り上げるファイターズガールがエスコンフィールドの見どころをたっぷりと解説します！ ツアーを案内するメンバーは参加するまでのお楽しみです。

※ファイターズガールとスタッフの2名体制でご案内いたします
※ファイターズガールとの個別の写真撮影やサインなどの要望はご遠慮ください

Pickup 2 選手と同じ目線! グラウンドウォーク

通常入ることができないグラウンドから選手と同じ目線でエスコンフィールドを体感できます！ 気分はまるでファイターズ選手！？

Pickup 3 目的に合わせたツアーをご用意!

ファイターズ選手のロッカールームやミーティングルームなど、通常非公開のホームチームエリアに唯一アクセスできるファン必見の「プレミアムツアー」、グラウンドウォークやダイヤモンドクラブシートを見学できる「ベーシックツアー」をご用意！

プレミアムツアー
ホームチームエリアを見学できる！

ベーシックツアー
グラウンドウォークが楽しめる！

可動屋根の秘密も…?!

お申込みは こちら

目印はこれ!
ダルビッシュ有投手＆大谷翔平選手の壁画のあるTOWER 11を目指そう

F VILLAGEで泊まる!

HOKKAIDO BALLPARK

宿泊部屋やサウナから野球観戦ができるのはF VILLAGEだけ！ また、極上のリフレッシュ空間を演出してくれる最新ヴィラやグランピング体験ができる施設も完備。今後は、新ホテルが完成予定だ。

ここが **イイネ!**
VIPルームは大谷翔平選手、ダルビッシュ有投手と球団を代表する名選手の部屋名に。ここだけの極上空間でのんびり過ごそう！

tower eleven
onsen & suana

tower eleven
hotel

タワーイレブン オンセン アンド サウナ／タワーイレブン ホテル

tower eleven onsen & sauna ／ tower eleven hotel

唯一無二の野球観戦を特別な数字“11”のもとで

エスコンフィールドの象徴的なランドマーク「TOWER 11」にある「tower eleven onsen & sauna」（3階）と「tower eleven hotel」（4、5階）。温泉とサウナで体をリラックスさせながら野球観戦が可能で、オリジナルクラフトビールも販売している。ホテルは、全12室あり客室番号はすべて11。室内デザインのコンセプトはファイターズやベースボール、球場にちなんだものになっている。試合開催日ならチケットなしでも野球観戦ができるのもうれしい限り。また、ホテル内には宿泊者のみが利用可能なテラスデッキもあるので、室内とは異なる空間での野球観戦が楽しめる。

tower eleven onsen & sauna 価格表

		①一般温浴チケット	②ととのえテラスシートチケット	③よりそいシートチケット（2席分）	④ととのえsuite skybox（4席分）
デーゲーム開催日	11:00 ～試合終了まで	4,000円～	8,000円～	10,000円～	48,000円～
	試合終了後～ 21:00	2,500円～			
ナイター開催日	11:00 ～ 14:30	2,500円～	－	－	－
	16:00 ～試合終了まで	4,000円～	8,000円～	10,000円～	48,000円～
試合がない日		2,500円	－	－	－

※①について、4歳～小学生以下のお子様は半額料金となります。 4歳未満の同伴のお子様は、無料でご利用頂けます
※②③④は試合日のみ販売します。価格は観戦チケットと同様試合日によって変動します。詳しくは販売サイトをご参照ください
※デーゲーム開催日、及びナイター開催日の16:00以降のチケットは、エスコンフィールド入場券の権利が付いております。コンコースからの試合観戦や球場内のグルメを存分にお楽しみいただけますので、ぜひご利用ください

tower eleven hotel 価格表

room	宿泊料金
mountain view	35,000円～（定員1 ～ 3名）
field view	45,000円～（定員1 ～ 4名）
field view maisonette	55,000円～（定員1 ～ 5名）
DARVISH&OHTANIsuite	60,000円～（定員1 ～ 5名）
DARVISH&OHTANI Premium Maisonette	60,000円～（定員1 ～ 7名）

ここが **イイネ!**
食事はスタッフが部屋の中まで運んでくれるので安心。広々としたラグジュアリーなジェットバスに入ってリラックスしよう。

©藤井ビル

©藤井ビル

VILLA BRAMARE HOKKAIDO BALLPARK F VILLAGE

ヴィラ ブラマーレ

VILLA BRAMARE

非日常を体感できる 上質なプライベート空間

水辺越しにエスコンフィールドを一望できる場所にあり、コンセプトは「五感で愉しむ『静』と『動』」。ヴィラ全棟がスイート仕様になっており、日常の喧騒を忘れさせてくれる空間で過ごせる。プライベートサウナは棟ごとに異なるなどこだわりも光る。食事もシェフ厳選の食材でつくる朝食や夕食は絶品。ボディ&ヘアケアなどのアメニティーはオリジナルと極上のおもてなしだ。愛犬と一緒に過ごせる棟も完備されており、ワンちゃん用の食事もある。敷地内はウッドチップが敷き詰められており、愛犬にも優しいつくりになっている。

©藤井ビル

価格表

room	宿泊料金
Waterside Villa ／ Hillside Villa	30,000円～
Hillside Villa with dog	36,000円～

※1泊朝食付大人2名様1室ご利用時、1名様あたりの宿泊料金
※チェックイン15:00～22:00、チェックアウト11:00

BALLPARK TAKIBI TERRACE ALLPAR

ボールパーク タキビテラス オルパ

BALLPARK TAKIBI TERRACE ALLPAR

©POWERSTATION

ここが **イイネ!**
BBQの食材は事前予約しておけば準備してくれるので手ぶらでも安心。キャンプやBBQ初心者にもうってつけだ。

©POWERSTATION

広大な敷地の真ん中で 話題のグランピングを

気軽にキャンプ体験ができると注目を集めているグランピングエリアがこちら。リビング、ダイニング、寝室などがある建物は「HOKKAIDO WOOD BUILDING」に登録。ウッドデッキでは、焚き火やBBQが行えるほか、リビング、ダイニング、寝室などすべてが冷暖房完備。また、愛犬と一緒に宿泊できる部屋もある。さらに、宿泊者以外の人でも利用できる焚き火テラスもあり、周辺の景色を見ながらコーヒーやスナックを片手にのんびりと会話を楽しむのも最高。多様な楽しみ方ができる場所だ。

価格表

room	宿泊料金
TAKIBI TERRACE	30,000円～
TAKIBI TERRACE Dog-friendly	30,000円～

※チェックイン15:00～22:00、チェックアウト10:00
※季節や試合の有無によって変動いたします

©POWERSTATION

©POWERSTATION

タワー イレブン フードホール

tower eleven foodhall by Nipponham

食とエンターテイメントで新たな情報を発信し続ける

「食とエンターテイメント」にこだわってニッポンハムグループが運営するエリア。北海道産を中心に安全で良質な食材を最高の調理で完成させたメニューがずらりと並ぶ。店内には大型スクリーンが設置され、ファイターズ戦のパブリックビューイングを実施しているほか、過去の試合なども上映。うどん屋「umai」が新たにオープン予定なのも楽しみ。

F VILLAGEで 食べる!

HOKKAIDO BALLPARK

北海道での楽しみのひとつに必ず上がるのは食。食材やメニューにこだわる店舗が多数点在し、来場者の舌を楽しませている。えふたんCAFEが4/2にグランドオープン！ ますます目が離せない。

各店舗の営業時間はこちら

そらとしば by よなよなエール

世界初! フィールドを一望しながらの一杯を

長野県に本社を持つ「ヤッホーブルーイング」が運営しており、施設内で醸造する3種類を含めた6種類のクラフトビールを販売している。ビールと相性のいいフードメニューも充実。なかでも、ワンハンドで食べられる「ロールピザ」が人気で、マルゲリータや牛カルビのプルコギなど全5種類から好みを選べるのがいい。

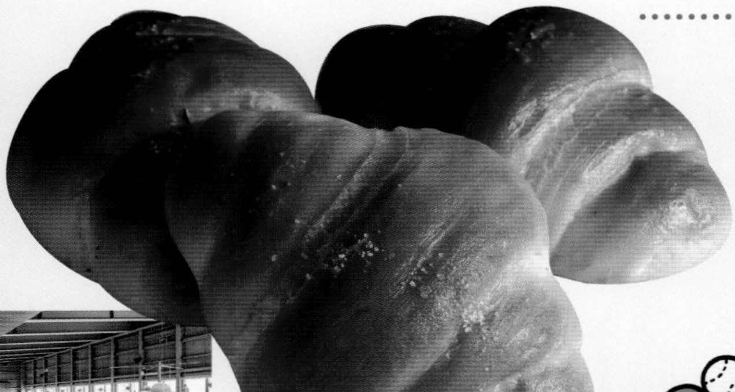

トリュフベーカリー ベーカリー アンド レストラン

TruffleBAKERY BAKERY & RESTAURANT

行列が絶えない理由はこだわりの製法にあり

食のプロが扱うトリュフなどの専門食品をパンと融合させた商品をそろえ、連日行列が絶えない人気店。多いときで1日1,800個売れるという看板メニューの「白トリュフの塩パン」は、モチモチ食感のパンとトリュフの香りがクセになる逸品だ。このほか日替わりで20種類ほどのパンを販売しており、いずれも大雪山の伏流水を活用したり、バターのコクと風味を生かしたりと、こだわりが強い。キッチンの様子も見られ、香ばしさが漂う店内の雰囲気もいい。

サイド スクエア

SIDE SQUARE

遊び疲れた体にコーヒーとスイーツを

2023年11月にオープンした複合施設。「創造性とリラックス」をコンセプトに「HOKKAIDO STARBREW」（コーヒーショップ）、「ビンケーキ」（スイーツ）、「re madeleine」（スイーツ）の3店舗がある。いずれのショップも北海道の食材にこだわったメニューが特徴で、すべてがカフェスペースで味わえる。たっぷりと遊んだ後の休憩時間に立ち寄って心を和ませよう！

ré made leine ré

ビンケーキ

HOKKAIDO STARBREW

「ビンケーキ」では、甘さ控えめで満足感あるスイーツがそろう。「re madeleine」では主原料オール北海道のマドレーヌをぜひ。どちらも「HOKKAIDO STARBREW」のコーヒーとぴったり。

七つ星横丁 NANATSU BOSHI YOKOCHO

個性豊かな店が連なる横丁の新定番

試合終了後はもちろん、試合がない日も営業している新感覚の横丁エリア。北海道を代表する名店や北海道初進出のお店など、10店舗が軒を連ねている。多ジャンルの店が集結しているため、数件はしごするという楽しみも。野球談義に花を咲かせながらワイワイやるのもよし、グルメツアーと題して北海道の食を堪能するもよし。みんなの胃袋は大満足間違いなしだ。

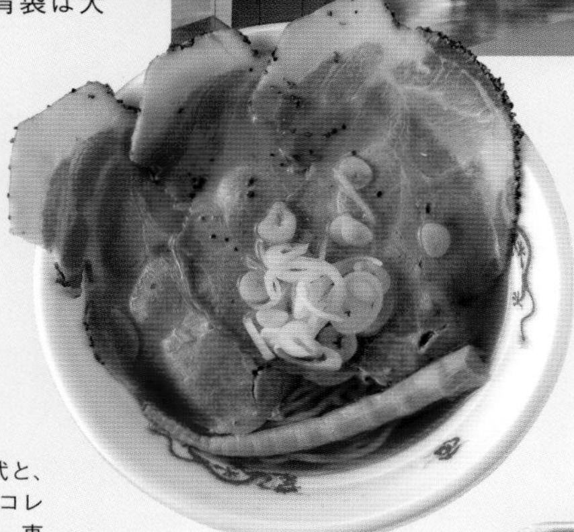

麺屋 優光

ラーメン激戦区にある京都の人気店。牡蠣、あさり、しじみの旨みを閉じ込めた貝出汁と、昔ながらの木の桶や大きな釜でつくられる京都の伝統的な醤油をブレンドした“淡竹”ラーメンが断トツ人気。

ABCDEfG ～タケシとQUONのお菓子な関係～

自らの腕で世界へ展開するパティシエ・柴田武と、国内一多様性を追求する菓子屋「QUONチョコレート」が贈る“大胆で繊細”なソフトクッキー専門店。北海道エリアではここでしか手に入らない！

大連餃子基地DALIAN

横浜中華街本店のほか、関東地方周辺に複数の店舗を展開するジューシーな手づくり餃子や火鍋が人気の中華料理店。エスコンフィールド限定の焼き小籠包がイチオシ！

たこ焼道楽 わなか

大阪の難波千日前で愛され続ける名店。熱伝導の良い銅板で強火で一気に焼き上げ、外は薄皮、中はとろりとした食感がこだわり。ミシュランガイドのビブグルマンを3年連続受賞。

焼肉と韓国料理 羅山

「心に残る焼肉」をモットーに札幌で長く愛されてきた本格焼肉店。厳選された最高ランクの黒毛和牛を中心に、北海道産の豚肉や鶏肉、羊肉も用意。こだわりの味をぜひ球場で。

マンマパルマ

独占契約で空輸直輸入している18ヶ月熟成の本格的な生ハムが自慢で、イタリア製のハンドスライサーを使ってその場でカット。本場の味が楽しめる。

IZAKAYA とぽす

横浜にある「もつ煮込み」が自慢の人気店。居酒屋の定番メニューから変わり種のほか、見た目にこだわった逸品、調理風景、スタッフの働く姿など、視覚でも楽しめる居酒屋。

天金

1937年創業の旭川の老舗和食店が寿司専門店として出店。新鮮なお寿司や海鮮ちらしのほか「ジンギスカン巻き」などの創作料理もご用意。店内でも、観客席でも北海道の味が堪能できる。

焼貝 あこや

焼き物や蒸し物といった定番メニューをはじめ、新鮮な国産の貝の魅力を引き出したこだわりの料理と日本酒が堪能できる。ルーロー飯とカレーが一度に楽しめるルーロー＆カレー相盛り（1,180円）も人気だ。

銀座 三州屋

東京・銀座で1968年に創業した昭和レトロな雰囲気が楽しめる大衆割烹。人気のとり豆腐（680円）のほか、新鮮なお刺身と美味しいお酒がお手頃価格で楽しめる。

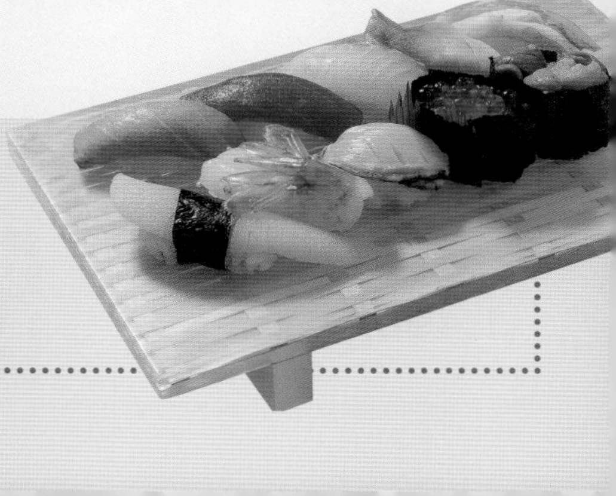

清宮幸太郎選手の
幸せ盛り
1,380円
店舗／麺屋 優光

加藤豪将選手の
ROSTERアメリカンチリドッグ
1,580円
店舗／ FIGHTERS DINING ROSTER

イイネ！ GOURMET

エスコンフィールドで大人気の選手グルメが
今年も登場！ ガッツリメニューからスイーツまで、
エスコンでしか食べられない限定メニューが盛りだくさん。
お気に入りの一品をぜひ見つけてみては？ ※掲載内容が変更になる場合があります

伏見寅威
限界に挑戦！特盛TRY（寅威）ソフトクリーム
1,500円
店舗／町村農場

野村佑希選手の
ネギマヨのむらージャン
750円
店舗／築地銀だこ

万波中正選手の
ハムのグランドスラム！4種盛り合わせ
1,490円
店舗／マンマパルマ

今川優馬選手の
スパカツ風ミートソース
1,150円
店舗／ Full Swing

伊藤大海投手の
北海道名物ホタテ丼
1,150円
店舗／ Full Swing

選手グルメも PLAYER'S

山﨑福也投手の
君にサチあれ!
親子でドン!
1,450円
店舗／銀座 三州屋

松本剛選手の
まつごーの
いちごー
ジュース
750円
店舗／ KAKILAND

最新のグルメ情報は
こちらをチェック

宮西尚生投手の
にこにこ宮西のぎゅう往邁進
ホール丼SEASON2
1,800円 店舗／焼肉と韓国料理 羅山

F VILLAGEの次のイイネ!

HOKKAIDO BALLPARK

充実の施設が魅力のF VILLAGEだが、まだまだ進化は止まらない。今後も新たな施設の完成が予定されており、ボールパークを超えた新しい街のような空間がつくり上げられる。ここでは今後完成予定の施設を紹介する。

＼ 2024年春 開業予定 ／

シニアレジデンス&メディカルスクエア

©日本エスコン

医療施設が充実! メディカルスクエア

レジデンスにはメディカルモール「Fビレッジ　メディカルスクエア」が併設される。ここには、歯科、小児科、整形外科、内科、形成外科、皮膚科、調剤薬局と6つの施設が入る。スマートロッカーが設置されるので、24時間365日いつでも薬の受け取りができるなど、利便性も高い。メディカルモールのオープンは2024年8月（歯科は同年6月）を予定している。

©日本エスコン

©日本エスコン

最高のロケーションでシニアの人生を応援!

今春に開業を予定しているのが「60歳からの新しい人生の旅をボールパークで」をコンセプトにしている施設だ。不動産開発を軸に事業展開を行う日本エスコンが運営するシニアレジデンス「マスターズヴェラス北海道ボールパーク」は、人生を自分らしいスタイルで謳歌したいと考えるマスターズ向けの拠点。レストランやレクレーションルームやトレーニングルームなど少し贅沢な共有空間を完備するなど、シニアになってもアクティブに生活したい人にはうってつけ。メディカルモールも併設しているので健康面の心配もなし。

＼ 2028年 開業予定 ／

北海道医療大学・新駅

新キャンパスと新駅誕生でさらに新しい街づくり

2024年に創立50周年を迎える北海道医療大学の新キャンパスと病院がF VILLAGEに新設される。完成は2028年予定で、同時期には新駅の開業も予定している。この2つが完成することで、通学はもちろんのこと観光客の交通の便もよくなることは間違いない。既存の施設と合わせて教育機能の強化も見込まれている。ボールパークを中心とした街づくりは、国内では初の試みといえる。大学・病院の特色を生かした魅力あるまちづくりの実現を目指していく。

ここがイイネ!

新駅の場所は、エスコンフィールドの3塁側まで約300m。徒歩なら約4分で球場に到着できるようになる！

これさえあれば迷わない！スマホを使って便利に！スムーズに！
北海道ボールパークFビレッジを満喫しよう！
試合の日もそれ以外の日も、
Fビレッジを最大限楽しむためのパスポートアプリ

公開から
半年で30万
ダウンロード
突破！

北海道ボールパーク Fビレッジ公式アプリ

入場がとてもスムーズに！

本日の予約/チケット

予約から入場、お支払いまで
アプリだけで！
試合やアクティビティの
予約から入場、
お支払いまでアプリだけで完結！
チケットレスでスムーズに入場！

その他の充実機能

●FビレッジPAY
あらかじめ支払い情報を登録すると、アプリ会員証をかざすだけでお会計が完了！ チャージ不要で便利！！

●マップ
現在地や目的地がひと目で分かる！ マップを見ながらサクサク移動。

●FIGHTERS NAVI
ここでしか読めない情報がたくさん！

アプリの
ダウンロードは
コチラから

App Store からダウンロード
Google Play で手に入れよう

FAVメンバーならさらにお得！

Fマイル・クーポン

マイルを貯めてお得なクーポンをゲット！
Fビレッジでのお買い物や飲食で、
ご利用金額の1%がFマイルとして貯まります。
貯まったマイルはチケットやクーポンと交換可能！
※一部サービス、店舗では付与率が異なる場合がございます

何を食べようか迷ったら…!?

グルメガイド&モバイルオーダー

おすすめのグルメ情報が満載！ 店頭の行列に並ぶことなく、
お手元のアプリからフードやドリンクを注文いただけます。

F VILLAGE
HOKKAIDO BALLPARK

1年通してイベントが盛りだくさん!

SEASONAL EVENT

シーズナル イベント

プロ野球のオンシーズンだけでなく、
オフシーズンでもたくさんのイベントを開催するF VILLAGE。
今年も開催予定の主なイベントをチェックしよう！

ここが イイネ!

日本の四季と北海道ならではの厳冬期に合わせた充実のイベントを企画。北海道の自然美を堪能しながら、さまざまな催しを体感できる。

PLAY SPRING

五感で楽しむ! “春”の陽気漂う季節にピッタリ

4月下旬から6月下旬まで、約1,500個の風車のインスタレーションを設置し、特別アートを展示。風車には特殊なフィルムが使われ、太陽の光で光の揺らめきが変化し、幻想的な雰囲気を演出。また夜にはスペシャルライトアップも実施され、日中とは違う光景を見せてくれた。また、6月中旬には木工作家が精魂込めてつくり上げたカトラリーや一点物アンティーク雑貨を集めた「そらとしばマーケット」も開催。さらに6月上旬には「Craft Beer Field in F VILLAGE ～アツアツ北海道 クラフトビールの休日～」と題したブルワリーイベントも行った。

PLAY SUMMER

北海道の短い“夏”を全力で楽しむ!

7月29日には、6,000発を超える花火が夜空を彩った「ファイターズ超花火大会」を開催。音楽や映像、各種パフォーマンスも行われ、忘れられない夏の思い出を演出した。また、約2,000個の提灯がズラリと並び淡い光でエリア内を包み込んだ「F VILLAGE 超提灯祭り」にも多くの人で賑わいを見せた。さらには「F VILLAGE 子ども祭り」では、ファイターズガールやフレップやポリー、B・Bたちマスコットキャラクターがステージを盛り上げ、敷地内では盆踊りや屋台などが並んだ。今年の夏も暑さを吹き飛ばすイベントを開催する予定だ。

PLAY AUTUMN

北海道の恵みを楽しむ おいしい“秋”が大集合

9月1日～10日までの10日間で「KUBOTA AGRI WEEK」を開催。北海道ならではの「鹿肉サイコロステーキ」や「ホッキしゅうまい」などのグルメが楽しめるイベントとなった。また10月下旬には「F VILLAGE Happy Halloween」を実施。期間中は、フレップとポリー、ファイターズガールによるハロウィンスペシャルショーが開催されたほか、一部日程で仮装してきた人に「ハロウィンえふたんお面」をプレゼントするなど大盛況だった。ハロウィンイベント以外にも、ユニ・チャームDOG PARKで犬種別のオフ会が行われた。

PLAY WINTER

寒さなんて吹き飛ばす 北海道の“冬”を遊び尽くせ!

11月から翌年2月までは「Snow Park」がオープンし、世代を問わず多くの人がスキーや雪遊びを楽しんだ。また、Coca-Cola GATE前には迫力満点のスノーラフティングも登場。スノーモービルにつながれたボートに乗って楽しめるアトラクションだ。体験中は、顔にかかる冷たい空気と、遠心力でアドレナリンは最高潮に！ さらに、雪を堪能できる「雪中サウナ」のイベントが開催され、サウナに入った後は、水風呂代わりに北海道ならではのパウダースノーにダイブという特別な“ととのい”を体験できた。

PLAY CHRISTMAS

街も心も華やかに! クリスマスはFビレッジで過ごそう

11月下旬から約3ヵ月に渡り、「Entertainment Lights」をコンセプトにしたイルミネーションを実施。オーロラフィルムを使ったり、星やダイヤモンドダストがモチーフになったりと、エリアごとで異なる幻想空間を演出し、来場者に癒やしの一時を与えた。また、クリスマス縁日も1ヵ月間実施。輪投げや射的など縁日の定番遊びをクリスマスバージョンにして、多くの子どもたちが大はしゃぎ。各飲食店でもクリスマス限定メニューが販売された。今年のクリスマスイベントはどんな内容になるか、待ち遠しい。

誕生50周年

野球殿堂入りを果たした故・大社義規氏が、初代オーナーとしてファイターズを誕生させてから、今年で50周年を迎える。それを記念して、7月に行われるホーム9試合では50周年シリーズを実施。これまで球団を彩った選手や監督など、輝かしい歴史の数々がここによみがえる。

7月2日(火)～17日(水)までのホーム計9試合を《ファイターズ50周年シリーズ》として開催。

チームは永久欠番である「100」を身につけて戦います。

試合日程		
	7/2(火)・3(水)・4(木)	vs. マリーンズ
	7/12(金)・13(土)・14(日)	vs. ホークス
	7/15(月)・16(火)・17(水)	vs. イーグルス

1973.11.17
日本ハム球団株式会社設立

1973

1974

1974-1981

1981.9.23
パ・リーグ後期優勝

1981.10.13
パ・リーグ優勝

1982-1992

1997.1.21
鎌ケ谷ファイターズ・タウン竣工式

2004.3.1
札幌駅でNew Homeセレモニー

2004.4.2
札幌ドーム開幕戦

フィールド1周年!

これまでの日本の野球場の概念を覆した“世界がまだ見ぬボールパーク”として誕生した「エスコンフィールド HOKKAIDO」。オープン1周年を記念して、4月5日（金）埼玉西武ライオンズとの3連戦を含む4月のホーム8試合は《エスコンフィールド1周年シリーズ》として開催される。

期間中、選手たちは特別ユニフォームを着用してプレーする。世界でも類を見ないエスコンフィールドの建築美をデザインに落とし込んでおり、胸元には球場最大の特徴である切妻の可動式屋根があしらわれている。「FIGHTERS」の文字も屋根の形状に合わせた角度になっており、その下には、「HNF」の文字を組み合わせて鉄骨を表現した。カラーリングは黒を基調にして、ポールなどにも使用される北海道ブルーを差し色に採用している。デザインは、野球を愛するライフスタイルブランドとして注目を集めるアメリカ発祥の「Baseballism」が担当。発表会見で万波中正選手は「屋根のデザインがお気に入り」と話し、1周年シリーズで5本塁打を目指すと宣言した。

2024年は ファイターズ

ここがイイネ!
50周年記念ウォールアート が完成!

「そらとしば by よなよなエール」の壁面にある新アート。大社初代オーナーをはじめ、レジェンド監督やレジェンド選手たち16名が描かれている。描いたのは、TOWER 11にあるウォールアートも手掛けた「OVER ALLs」。

2011-2021

1993-2003

2016.10.29
10年ぶり日本一、4年ぶりパ・リーグ優勝

2007.9.29
球団史上初のパ・リーグ連覇

TO BE CONTINUED...

2022.9.28
札幌ドーム最終戦。19年の歴史に幕

2022~

2012.10.2
3年ぶりパ・リーグ優勝

2009.10.6
2年ぶりパ・リーグ優勝

2004-2010

2006.10.26
44年ぶり日本一、25年ぶりパ・リーグ優勝

エスコン

ベルを鳴らして勝利を呼び込もう!

新しい応援スタイル ファイターズカウベルが誕生!

北海道らしい応援スタイルを提案してきたファイターズ。これまでも、きつねダンス、しゃけまる、ジンギスカンダンスと球場に集まったファンと一体感を創出してきた。そして2024年は道民として愛着を持ち、さらなる熱量で応援してもらおうと、新しいチャレンジをする。それがファイターズカウベルだ。カウベルとは、放牧している牛につける鈴で、居場所が分かるようにするもの。酪農が盛んな北海道では、鈴をつけた牛を先頭にほかの牛が連なる形で移動する光景を目にできる。ここからヒントを得たのが、今回の応援アイテム。ベルを勝利の呼び水とするだけでなく、鳴らすことで打線（チャンス）がつながる、勝利後に鳴らせば次の勝利につながるという意味合いを込めている。2024年シーズンは、ファイターズカウベルを活用して、自由でエモーショナルな応援スタイルが誕生する。なお、このベルは4月5日（金）の試合で2,500名にプレゼントされる予定だ。

4月5日(金)~21日(日)までのホーム8試合を《エスコンフィールド1周年シリーズ》として開催します!

試合日程		
	4/5(金)・6(土)・7(日)	vs. ライオンズ
	4/16(火)・17(水)	vs. ホークス
	4/19(金)・20(土)・21(日)	vs. マリーンズ

SAPPORO
乾杯を
もっとおいしく。
ONLY
北海道!
こんな幸せ、
北海道だけ。
北海道限定
SINCE 1985
SAPPORO
ONLY HOKKAIDO
CLASSIC
サッポロ クラシック
BRISK AROMA AND ALL MALT FINISH.
THE GREAT TASTE OF SAPPORO CLASSIC IS
BREWED FOR HOKKAIDO.
[麦芽100%] 生ビール 非熱処理
北海道のしあわせ見つけ隊
HOKKAIDO
サッポロ クラシック
検索
STOP!
ストップ!20歳未満飲酒・飲酒運転。妊娠中や授乳期の飲酒は
やめましょう。お酒は楽しく適量で。のんだあとはリサイクル。
サッポロビール株式会社
www.sapporobeer.jp

HOKKAIDO NIPPONHAM FIGHTERS

PLAYERS FILE 2024

PITCHER

投　手

12	矢澤宏太	
13	生田目翼	
14	加藤貴之	
16	達孝太	
17	伊藤大海	
18	山﨑福也	NEW
19	玉井大翔	
20	上原健太	
22	杉浦稔大	
24	金村尚真	
25	宮西尚生	
26	田中正義	
28	河野竜生	
29	細野晴希	ROOKIE
31	パトリック・マーフィー	NEW
32	黒木優太	NEW
34	堀瑞輝	
40	福田俊	
41	ブライアン・ロドリゲス	
42	アニュラス・ザバラ	NEW
45	ドリュー・バーヘイゲン	NEW
46	畔柳亨丞	
47	鈴木健矢	
48	齋藤友貴哉	
51	石川直也	
52	池田隆英	
54	安西叶翔	
55	松浦慶斗	
57	北山亘基	
59	根本悠楓	
63	北浦竜次	
67	山本拓実	
93	田中瑛斗	
113	加藤大和	ROOKIE
114	松本遼大	
115	齊藤伸治	
121	福島蓮	
123	柳川大晟	
126	中山晶量	
128	山本晃大	
130	鍵谷陽平	NEW
137	柿木蓮	
162	宮内春輝	
168	松岡洸希	
196	孫易磊	NEW

CATCHER

捕　手

2	アリエル・マルティネス	
10	清水優心	
23	伏見寅威	
27	古川裕大	
30	郡司裕也	
33	進藤勇也	ROOKIE
60	郡拓也	
64	田宮裕涼	
165	梅林優貴	

INFIELDER

内野手

3	加藤豪将	
4	上川畑大悟	
5	野村佑希	
9	中島卓也	
21	清宮幸太郎	
35	福田光輝	
38	石井一成	
39	有薗直輝	
43	水野達稀	
44	阪口樂	
56	細川凌平	
58	奈良間大己	
65	明瀬諒介	ROOKIE
111	濵田泰希	ROOKIE

OUTFIELDER

外野手

6	アンドリュー・スティーブンソン	NEW
7	松本剛	
8	淺間大基	
36	宮崎一樹	ROOKIE
37	江越大賀	
50	五十幡亮汰	
53	水谷瞬	NEW
61	今川優馬	
66	万波中正	
68	星野ひので	ROOKIE
99	フランミル・レイエス	NEW
112	平田大樹	ROOKIE
124	阿部和広	
125	藤田大清	
127	山口アタル	

NEW ＝新加入　ROOKIE ＝ルーキー

※成績は2021～2023年のNPBでの1軍年度別成績とプロ通算成績を記載

THE FIRST TEAM

1

TSUYOSHI SHINJO

監督

新庄剛志

PROFILE
●1972年1月28日(52歳)●福岡県
●182cm・76kg●右投右打
●西日本短大付高→阪神(ドラフト5位・90〜00)→メッツ(01)→ジャイアンツ(02)→メッツ(03)→北海道日本ハム(04〜06)

AWARD
●ベストナイン 外野手部門(93、00、04)
●ゴールデングラブ賞 外野手部門(93〜94、96〜00、04〜06)

TAKAYA HAYASHI

77

ヘッドコーチ

林 孝哉

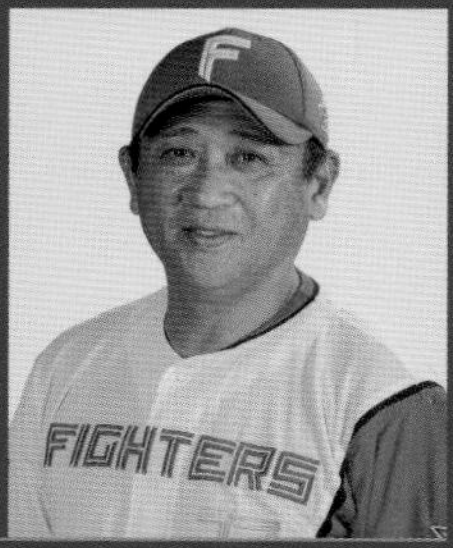

PROFILE●1973年6月1日(51歳)●和歌山県●177cm・80kg●右投右打●箕島高→福岡ダイエー (ドラフト7位・92〜02途)→日本ハム/北海道日本ハム(02途〜04)→千葉ロッテ(05〜06)
AWARD—

YOSHINORI TATEYAMA

81

投手コーチ

建山義紀

PROFILE●1975年12月26日(49歳)●大阪府●178cm・80kg●右投右打●東海大仰星高→甲賀総合科学専門学校→松下電器→日本ハム/北海道日本ハム(ドラフト2位・99〜10)→レンジャーズ(11〜13途)→ヤンキース(13途〜14途)→阪神(14途〜14)
AWARD●最優秀中継ぎ投手(04)

TAKEHARU KATOH

82

投手コーチ

加藤武治

PROFILE●1978年3月24日(46歳)●山形県●188cm・83kg●右投右打●山形南高→東京学芸大→三菱ふそう川崎→横浜(ドラフト4巡目・03〜09)→北海道日本ハム(10〜11)
AWARD●最優秀中継ぎ投手(06)

HISASHI TAKEDA

73

投手コーチ

武田 久

PROFILE●1978年10月14日(46歳)●徳島県●170cm・73kg●右投左打●生光学園高→駒澤大→日本通運→日本ハム/北海道日本ハム(ドラフト4巡目・03〜17)
AWARD●最多セーブ投手(09、11〜12)●最優秀中継ぎ投手(06)

HIROSHI YAGI

89

打撃コーチ

八木 裕

PROFILE●1965年6月8日(59歳)●岡山県●182cm・77kg●右投右打●岡山東商高→三菱自動車水島→阪神(ドラフト3位・87〜04)
AWARD—

KATSUHIKO YAMADA

72

バッテリーコーチ

山田勝彦

PROFILE●1969年7月2日(55歳)●愛知県●183cm・88kg●右投右打●東邦高→阪神(ドラフト3位・88〜02)→日本ハム/北海道日本ハム(03〜05)
AWARD—

RYOTA YACHI

85

内野守備走塁コーチ

谷内亮太

PROFILE●1991年2月3日(33歳)●石川県●177cm・80kg●右投右打●金沢西高→國學院大→東京ヤクルト(ドラフト6位・13〜18)→北海道日本ハム(19〜23)
AWARD—

HICHORI MORIMOTO

80

外野守備走塁コーチ

森本稀哲

PROFILE●1981年1月31日(43歳)●東京都●185cm・81kg●右投右打●帝京高→日本ハム/北海道日本ハム(ドラフト4位・99〜10)→横浜/横浜DeNA (11〜13)→埼玉西武(14〜15)
AWARD●ベストナイン 外野手部門(07)●ゴールデングラブ賞 外野手部門(06〜08)

TAKENORI DAITA

79

データ分析担当兼
走塁コーチ

代田建紀

PROFILE●1974年2月11日(50歳)●神奈川県●180cm・77kg●右投両打●藤嶺藤沢高→城西大→朝日生命→近鉄/大阪近鉄(ドラフト6位・98〜99)→ヤクルト(00〜02)→千葉ロッテ(03、05〜08)
AWARD—

MANAGER & COACHING LIST

THE FARM

90

ATSUNORI
INABA

ファーム監督
稲葉篤紀

PROFILE
●1972年8月3日(52歳)
●愛知県
●185cm・97kg
●左投左打
●中京高→法政大→ヤクルト(ドラフト3位・95〜04)→北海道日本ハム(05〜14)

AWARD
●首位打者賞(07)
●最多安打賞(07)
●ベストナイン
外野手部門(01、06〜09)
●ゴールデングラブ賞
外野手部門(06〜09)
一塁手部門(12)
●正力松太郎賞 特別賞(21)

MASAJI
SHIMIZU

78

ファーム総合コーチ
清水雅治

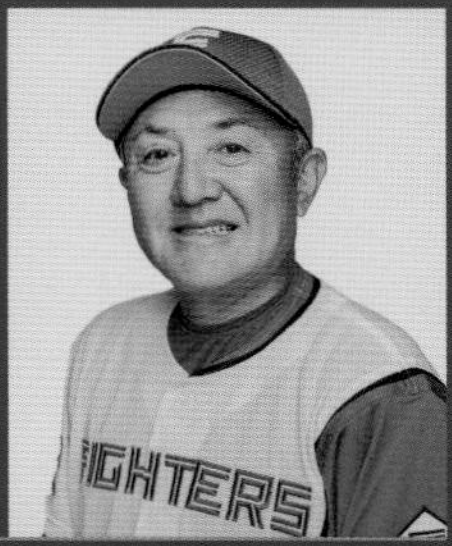

PROFILE●1964年7月7日(60歳)●島根県●173cm・80kg●右投右打●浜田高→三菱自動車川崎→中日(ドラフト6位・89〜95)→西武(96〜02)
AWARD—

TAKESHI
ITOH

84

ファーム投手コーチ
伊藤 剛

PROFILE●1976年12月17日(48歳)●神奈川県●185cm・83kg●右投右打●日大明誠高→NTT関東→日本ハム/北海道日本ハム(ドラフト6位・99〜09)
AWARD—

CHIHIRO
KANEKO

91

ファーム投手コーチ
金子千尋

PROFILE●1983年11月8日(41歳)●新潟県●180cm・77kg●右投左打●長野商高→トヨタ自動車→オリックス(ドラフト自由枠・05〜18)→北海道日本ハム(19〜22)
AWARD●最優秀選手(14)●最優秀防御率投手(14)●最多勝利投手(10、14)●最多三振奪取投手(13)●沢村栄治賞(14)●ベストナイン 投手部門(14)●ゴールデングラブ賞(14)

HIROSHI
URANO

83

ファーム投手コーチ
浦野博司

PROFILE●1989年7月22日(35歳)●静岡県●178cm・70kg●右投右打●浜松工高→愛知学院大→セガサミー→北海道日本ハム(ドラフト2位・14〜20)
AWARD—

TOMOAKI
SATOH

87

ファーム打撃コーチ
佐藤友亮

PROFILE●1978年6月13日(46歳)●神奈川県●177cm・88kg●右投右打●慶應義塾高→慶應義塾大→西武/埼玉西武(ドラフト4位・01〜12)
AWARD—

TOMOYUKI
ODA

75

ファーム打撃コーチ
小田智之

PROFILE●1979年5月19日(45歳)●静岡県●179cm・74kg●右投左打●興誠高→日本ハム/北海道日本ハム(ドラフト2位・98〜09)
AWARD—

MANABU
IWADATE

74

ファーム内野守備
走塁コーチ
岩舘 学

PROFILE●1981年4月14日(43歳)●千葉県●177cm・80kg●右投右打●成田高→東洋大→読売(ドラフト5巡目・04〜09)→北海道日本ハム(10〜13)
AWARD—

TOSHIMASA
KONTA

76

ファーム外野守備
走塁コーチ
紺田敏正

PROFILE●1980年8月12日(44歳)●富山県●185cm・80kg●右投左打●高岡商高→国士舘大→日本ハム/北海道日本ハム(ドラフト6巡目・03〜10)→読売(11)→北海道日本ハム(12)
AWARD—

KIYOSHI
YAMANAKA

ファーム
捕手インストラクター
山中 潔

PROFILE●1961年10月29日(63歳)●大阪府●178cm・81kg●右投左打●PL学園高→広島東洋(ドラフト4位・80〜88)→福岡ダイエー(89)→中日(90〜91)→日本ハム(92〜94)→千葉ロッテ(95〜96)
AWARD—

矢澤宏太

KOTA YAZAWA

12

ルーキーイヤーから投打で1軍出場を果たすも、ケガなどもあり納得のいく結果を出せなかった。それでも「ファームでは課題克服に取り組めたので、いい時間だった」と前を向く。二刀流としての期待も大きいだけに、2年目の飛躍を心に誓う。

PROFILE
■ 2000年8月2日（24歳）　■ 東京都　■ 173cm・71kg　■ 左投左打
■ 藤嶺藤沢高→日本体育大→北海道日本ハム（ドラフト1位・23～）

REGULAR SEASON (PITCHING)

年度	所属球団	登板	勝利	敗北	セーブ	ホールド	投球回	四死球	三振	防御率
2023	北海道日本ハム	2	0	0	0	0	2	0	3	0.00
	通　算	2	0	0	0	0	2	0	3	0.00

REGULAR SEASON (BATTING)

年度	所属球団	試合	打数	安打	本塁打	打点	盗塁	四死球	三振	打率
2023	北海道日本ハム	37	96	17	1	4	2	9	35	.177
	通　算	37	96	17	1	4	2	9	35	.177

AWARD ／ —

13

生田目翼

TSUBASA NABATAME

1軍定着を目指すも登板は5試合で、2年ぶりの白星もつかめなかった。それでもファームでは13試合で防御率0.94と、自慢のストレートを軸にした攻めのピッチングは衰えていないことを示した。6年目となる今季こそ、1軍で自身の居場所をつかみとる。

PROFILE
■ 1995年2月19日（29歳）　■ 茨城県　■ 176cm・88kg　■ 右投右打
■ 水戸工高→流通経済大→日本通運→北海道日本ハム（ドラフト3位・19～）

REGULAR SEASON

年度	所属球団	登板	勝利	敗北	セーブ	ホールド	投球回	四死球	三振	防御率
2021	北海道日本ハム	1	1	0	0	0	6	4	5	1.50
2022	北海道日本ハム	2	0	1	0	0	10	5	7	3.60
2023	北海道日本ハム	5	0	1	0	0	8 1/3	6	5	2.16
	通　算	15	1	4	0	0	38 1/3	22	24	4.46

AWARD ／ —

加藤貴之

TAKAYUKI KATOH

14

自身が「苦しいシーズンだった」と振り返るも、左のエースとして3年連続規定投球回をクリア。2年連続防御率2点台と貫禄を見せつけた。オフには「ファイターズでプレーしたいという気持ちが一番」とFA権を行使せずに残留。今季も先発の柱として君臨する。

PROFILE
■ 1992年6月3日（32歳）　■ 千葉県　■ 182cm・90kg　■ 左投左打
■ 拓大紅陵高→新日鐵住金かずさマジック→北海道日本ハム（ドラフト2位・16～）

REGULAR SEASON

年度	所属球団	登板	勝利	敗北	セーブ	ホールド	投球回	四死球	三振	防御率
2021	北海道日本ハム	25	6	7	0	0	150	24	102	3.42
2022	北海道日本ハム	22	8	7	0	1	147 2/3	12	98	2.01
2023	北海道日本ハム	24	7	9	0	0	163 1/3	17	83	2.87
	通　算	202	48	49	0	7	935 2/3	208	649	3.25

AWARD ／ —

達 孝太

KOTA TATSU

16

1軍登板なしとなった昨季は、ファームで2勝5敗、防御率5.15と成長した姿を見せられなかった。未来のエース候補として注目を集めるだけに、プロ3年目を迎える今季は結果が必要となる。まずはファームで結果を残し、飛躍のきっかけをつかみたい。

PROFILE

■2004年3月27日(20歳)　■大阪府　■194cm・97kg　■右投右打
■天理高→北海道日本ハム(ドラフト1位・22〜)

REGULAR SEASON

年度	所属球団	登板	勝利	敗北	セーブ	ホールド	投球回	四死球	三振	防御率
2021	――――	-	-	-	-	-	-	-	-	-
2022	北海道日本ハム	1	0	0	0	0	3	3	0	0.00
2023	北海道日本ハム	-	-	-	-	-	-	-	-	-
	通　算	1	0	0	0	0	3	3	0	0.00

AWARD ／ ―

17

伊藤大海

HIROMI ITOH

入団から3年連続で規定投球回をクリアし、チームトップの奪三振数を記録するなど先発ローテを守った。その一方で3年連続2ケタ勝利を逃す悔しさも。すでに開幕投手にも決定している今季は、名実ともにチームのエースと呼ばれる実績を残したいところだ。

PROFILE

■1997年8月31日(27歳)　■北海道　■176cm・82kg　■右投左打
■駒大苫小牧高→苫小牧駒澤大→北海道日本ハム(ドラフト1位・21〜)

REGULAR SEASON

年度	所属球団	登板	勝利	敗北	セーブ	ホールド	投球回	四死球	三振	防御率
2021	北海道日本ハム	23	10	9	0	0	146	59	141	2.90
2022	北海道日本ハム	26	10	9	1	1	155 2/3	54	112	2.95
2023	北海道日本ハム	24	7	10	0	0	153 1/3	49	134	3.46
	通　算	73	27	28	1	1	455	162	387	3.11

AWARD ／ ―

PITCHER

山﨑福也

SACHIYA YAMASAKI

18

新加入

プロ9年目で初の2ケタ勝利を記録した左腕がFAで加入。かつて父親がファイターズに所属していた縁もあり「リーグ優勝、日本一になれるようチームメイトと一緒に必死に腕を振っていきます」と誓う。自身も2年連続2ケタを目指し、投手陣を支えていく。

PROFILE

■ 1992年9月9日(32歳)　■ 埼玉県　■ 188cm・95kg　■ 左投左打
■ 日大三高→明治大→オリックス(ドラフト1位・15〜23)→北海道日本ハム(24〜)

REGULAR SEASON

年度	所属球団	登板	勝利	敗北	セーブ	ホールド	投球回	四死球	三振	防御率
2021	オリックス	22	8	10	0	0	116 1/3	30	75	3.56
2022	オリックス	24	5	8	0	2	114 2/3	33	91	3.45
2023	オリックス	23	11	5	0	0	130 1/3	29	80	3.25
	通　算	176	39	45	0	3	681	248	431	3.85

AWARD ／ —

19

玉井大翔

TAISHO TAMAI

3年連続での50試合登板を達成し、3年ぶりにセーブを挙げるなど中継ぎ陣を支えたが「成績は満足できるものではなかった」とコメント。オフには結婚も発表し新たな気持ちで挑む今季は、キャリアハイのホールド数達成と、4年連続50試合登板を狙う。

PROFILE

■ 1992年6月16日(32歳)　■ 北海道　■ 178cm・78kg　■ 右投右打
■ 旭川実高→東京農大北海道オホーツク→新日鐵住金かずさマジック→北海道日本ハム(ドラフト8位・17〜)

REGULAR SEASON

年度	所属球団	登板	勝利	敗北	セーブ	ホールド	投球回	四死球	三振	防御率
2021	北海道日本ハム	50	0	0	0	8	42 2/3	23	23	3.16
2022	北海道日本ハム	50	1	1	0	19	37 2/3	17	16	3.35
2023	北海道日本ハム	50	0	2	2	10	37 2/3	10	21	2.63
	通　算	328	10	15	3	72	294	122	175	3.15

AWARD ／ —

上原健太

KENTA UEHARA

20

勝ち星は4にとどまったが、キャリアハイとなる18試合に先発し自身初の100イニングをクリア。防御率も2点台と安定した成績を残した。これには本人も「これまでにない経験ができたシーズン」と話す。今季も先発ローテの一角としてチームの勝利に貢献だ。

PROFILE

■ 1994年3月29日(30歳)　■ 沖縄県　■ 191cm・95kg　■ 左投左打
■ 広陵高→明治大→北海道日本ハム(ドラフト1位・16〜)

REGULAR SEASON

年度	所属球団	登板	勝利	敗北	セーブ	ホールド	投球回	四死球	三振	防御率
2021	北海道日本ハム	11	0	0	0	0	11 1/3	6	11	3.97
2022	北海道日本ハム	25	3	5	0	1	73 1/3	24	59	3.19
2023	北海道日本ハム	19	4	7	0	0	101 1/3	26	74	2.75
	通　算	95	14	23	0	2	338 2/3	109	256	3.83

AWARD ／ —

杉浦稔大

22

TOSHIHIRO SUGIURA

昨年は前年より登板数を増やし、防御率も2点台と復調気配も「勝ちに貢献する投球ができず、チームから信頼を得られるまでは至らなかった」と口にした。今季は、56試合登板を果たした2021年を再現すべく、リリーフの一角として君臨することを誓う。

PROFILE

■ 1992年2月25日（32歳）　■ 北海道　■ 190cm・91kg　■ 右投右打
■ 帯広大谷高→國學院大→東京ヤクルト（ドラフト1位・14～17途）→北海道日本ハム（17途～）

REGULAR SEASON

年度	所属球団	登板	勝利	敗北	セーブ	ホールド	投球回	四死球	三振	防御率
2021	北海道日本ハム	56	3	3	28	1	54 2/3	25	69	2.96
2022	北海道日本ハム	16	3	6	0	0	42 2/3	12	48	5.27
2023	北海道日本ハム	24	0	1	0	0	22 2/3	12	22	2.78
	通　算	163	25	27	29	1	388 2/3	157	375	3.96

AWARD ／ ―

金村尚真

24

SHOMA KANEMURA

開幕ローテ入りを果たし、プロ2戦目で初勝利を挙げたが、その後はケガもあり登板は4試合に終わった。それでも9月半ばに復帰を果たし、今季につながる投球を見せ白星をつかんだのは大きい。今年こそ、1年間ローテーションを守り、2ケタ勝利を目指す。

PROFILE

■ 2000年8月29日（24歳）　■ 沖縄県　■ 176cm・85kg　■ 右投右打
■ 岡山学芸館高→富士大→北海道日本ハム（ドラフト2位・23～）

REGULAR SEASON

年度	所属球団	登板	勝利	敗北	セーブ	ホールド	投球回	四死球	三振	防御率
2021	――――――	-	-	-	-	-	-	-	-	-
2022	――――――	-	-	-	-	-	-	-	-	-
2023	北海道日本ハム	4	2	1	0	0	25	5	23	1.80
	通　算	4	2	1	0	0	25	5	23	1.80

AWARD ／ ―

PITCHER

宮西尚生

25

NAOKI MIYANISHI

リリーフ一筋でチームを支えるベテラン左腕。昨季後半戦はファーム調整となったが、登板数、防御率では前年を上回る記録を残して復調をアピール。今季は、あと7に迫る通算400ホールドの記録が最初の目標。中継ぎの主軸としての完全復活を狙う。

PROFILE

■ 1985年6月2日（39歳）　■ 兵庫県　■ 180cm・80kg　■ 左投左打
■ 市尼崎高→関西学院大→北海道日本ハム（大学・社会人ほかドラフト3巡目・08～）

REGULAR SEASON

年度	所属球団	登板	勝利	敗北	セーブ	ホールド	投球回	四死球	三振	防御率
2021	北海道日本ハム	50	1	2	0	15	44 1/3	19	49	3.65
2022	北海道日本ハム	24	0	3	1	7	20 2/3	12	14	5.66
2023	北海道日本ハム	31	1	3	1	13	23 2/3	13	24	2.66
	通　算	839	37	40	13	393	706 2/3	286	646	2.51

AWARD ／ 最優秀中継ぎ投手（16・18・19）

田中正義

SEIGI TANAKA

26

移籍1年目となった昨季は、4月下旬にプロ初セーブを挙げると、そこから守護神に君臨。プロ入り後ケガなどに悩まされ続けたが、新天地で高き才能を開花させ「離脱せず最後まで1軍で戦えて良かった」と笑顔を見せた。今季はセーブ王のタイトルを目指す。

PROFILE

■ 1994年7月19日(30歳)　■ 神奈川県　■ 188cm・93kg　■ 右投右打
■ 創価高→創価大→福岡ソフトバンク(ドラフト1位・17～22)→北海道日本ハム(23～)

REGULAR SEASON

年度	所属球団	登板	勝利	敗北	セーブ	ホールド	投球回	四死球	三振	防御率
2021	福岡ソフトバンク	18	0	0	0	1	16 2/3	8	14	2.16
2022	福岡ソフトバンク	5	0	0	0	1	5	0	6	0.00
2023	北海道日本ハム	47	2	3	25	8	46 1/3	13	46	3.50
	通　算	81	2	4	25	10	82 1/3	29	81	3.83

AWARD ／ —

28

河野竜生

RYUSEI KAWANO

リリーバーに専念した昨季は、さまざまなシチュエーションでマウンドに上がり50試合登板を達成。20ホールドに、防御率も1点台と存在感を示した。この結果に本人も「充実した1年」と振り返る。今季は勝利の方程式の一角となり、チームの優勝へ貢献したい。

PROFILE

■ 1998年5月30日(26歳)　■ 徳島県　■ 175cm・84kg　■ 左投左打
■ 鳴門高→JFE西日本→北海道日本ハム(ドラフト1位・20～)

REGULAR SEASON

年度	所属球団	登板	勝利	敗北	セーブ	ホールド	投球回	四死球	三振	防御率
2021	北海道日本ハム	40	3	6	0	9	90 1/3	35	68	2.99
2022	北海道日本ハム	21	0	2	1	1	34 2/3	14	25	4.41
2023	北海道日本ハム	50	1	4	0	20	42 1/3	12	35	1.70
	通　算	123	7	17	1	30	227 2/3	94	171	3.52

AWARD ／ —

PITCHER

細野晴希

HARUKI HOSONO

29

ルーキー

最速158km/hのストレートと多彩な変化球を操るポテンシャルを秘めたドラ1左腕。昨年7月に開催された日米大学野球選手権大会では、最優秀投手に選ばれチームの優勝に貢献した。課題となっている制球力が安定してくれれば、1年目からの活躍も十分に期待できる。

PROFILE

- 2002年2月26日(22歳)　■東京都　■180cm・86kg　■左投左打
- 東亜学園高→東洋大→北海道日本ハム(ドラフト1位・24〜)

REGULAR SEASON

年度	所属球団	登板	勝利	敗北	セーブ	ホールド	投球回	四死球	三振	防御率
NO DATA										

AWARD ／ —

パトリック・マーフィー

PATRICK MURPHY

31

新加入

長身から投げ下ろす最速159km/hのストレートとキレ味のいいパワーカーブが武器の新助っ人右腕。新庄剛志監督も「ファイターズにはパワー系のピッチャーが多くないので期待したい」と話す。先発の一角に加われば、投手陣に厚みが出るはずだ。

PROFILE

- 1995年6月10日(29歳)　■アメリカ合衆国　■196cm・95kg　■右投右打
- ハミルトン高→ブルージェイズ(14〜21)→ナショナルズ(21〜22)→ツインズ(23)→北海道日本ハム(24〜)

REGULAR SEASON

年度	所属球団	登板	勝利	敗北	セーブ	ホールド	投球回	四死球	三振	防御率
NO DATA										

AWARD ／ —

黒木優太

YUTA KUROKI

32

新加入

オフにトレードで加入したプロ8年目の右腕。プロ3年目にトミー・ジョン手術を受け、一度は育成契約になるも支配下復帰し2022年に1軍復活登板を果たした。昨年は防御率6点台と苦しんだが自慢のストレートは健在。新天地で再び輝きを放てるか。

PROFILE

- 1994年8月16日(30歳)　■神奈川県　■179cm・85kg　■右投左打
- 橘学苑高→立正大→オリックス(ドラフト2位・17〜23)→北海道日本ハム(24〜)

REGULAR SEASON

年度	所属球団	登板	勝利	敗北	セーブ	ホールド	投球回	四死球	三振	防御率
2021	オリックス	-	-	-	-	-	-	-	-	-
2022	オリックス	27	2	2	1	5	26 2/3	9	21	2.36
2023	オリックス	12	1	5	0	0	26	17	20	6.58
	通　算	133	10	11	3	47	140	66	129	4.37

AWARD ／ —

堀 瑞輝

34

MIZUKI HORI

2021年に最優秀中継ぎ投手のタイトルを獲得も一昨年、昨年は左肩の故障にも悩まされ本来の姿を見せられず「チームに迷惑をかけた1年でした」と肩を落とした。不動のセットアッパーへ返り咲くため、まずはコンディションを整えたい。

PROFILE
- 1998年5月10日(26歳)　■広島県　■177cm・82kg　■左投左打
- 広島新庄高→北海道日本ハム(ドラフト1位・17～)

REGULAR SEASON

年度	所属球団	登板	勝利	敗北	セーブ	ホールド	投球回	四死球	三振	防御率
2021	北海道日本ハム	60	3	2	0	39	53 1/3	34	56	2.36
2022	北海道日本ハム	41	1	5	5	11	34	19	34	5.82
2023	北海道日本ハム	5	1	0	0	0	4	1	3	9.00
	通　算	218	13	16	8	70	233 2/3	124	234	4.58

AWARD ／　最優秀中継ぎ投手(21)

PITCHER

40

福田 俊

SUGURU FUKUDA

プロ5年目となる昨季は、プロ初勝利をマーク。さらに29試合に登板し1点も失うことなくシーズンを終えた。その一方でシーズン序盤はケガもありファーム調整となったことを悔やんだ。今季はリリーバーの一角として1軍に定着して、50試合登板を目指していく。

PROFILE
- 1996年12月14日(28歳)　■北海道　■171cm・73kg　■左投左打
- 横浜創学館高→星槎道都大→北海道日本ハム(ドラフト7位・19～)

REGULAR SEASON

年度	所属球団	登板	勝利	敗北	セーブ	ホールド	投球回	四死球	三振	防御率
2021	北海道日本ハム	5	0	0	0	0	4 2/3	1	3	11.57
2022	北海道日本ハム	13	0	0	0	3	10 1/3	7	11	0.87
2023	北海道日本ハム	29	1	0	0	3	26 1/3	12	19	0.00
	通　算	77	1	0	0	8	71 2/3	34	60	2.26

AWARD ／　―

ブライアン・ロドリゲス

41

BRYAN RODRIGUEZ

助っ人外国人選手として球団最長となる7年目のシーズンを迎える。昨季は、主に中継ぎで37試合に登板して防御率5点台と苦しみ、黒星も7と結果を出せなかった。復活を期す今季は、自慢のツーシームに磨きをかけて存在感を発揮したい。

PROFILE

■ 1991年7月6日（33歳）　■ドミニカ共和国　■ 196cm・116kg　■右投右打
■エヴァンジェリーナ・ロドリゲス高→パドレス→北海道日本ハム（18～）

REGULAR SEASON

年度	所属球団	登板	勝利	敗北	セーブ	ホールド	投球回	四死球	三振	防御率
2021	北海道日本ハム	47	0	2	3	24	46	23	34	2.74
2022	北海道日本ハム	22	3	2	0	8	16 1/3	4	13	2.20
2023	北海道日本ハム	37	1	7	0	12	35 1/3	20	20	5.09
	通　算	156	13	20	4	55	234 2/3	96	154	3.64

AWARD ／ —

42

新加入 »

アニュラス・ザバラ

ANEURYS ZABALA

PITCHER

最速162km/hを誇る新外国人投手。メジャー経験は少ないが、昨年は米3Aで、53試合に登板し、7勝3敗5セーブ、防御率4.25、奪三振103という成績を残した。やや粗さはあるものの、豪腕を発揮できればリリーフ陣の層はさらに厚くなるはずだ。

PROFILE

■ 1996年12月21日（28歳）　■ドミニカ共和国　■ 190cm・117kg　■右投右打
■ソンリサ・デ・エスペランサ高→マリナーズ（14～16）→ドジャース（17～18途）→レッズ（18途～19）→フィリーズ（21）→マーリンズ（22）→タイガース（23）→北海道日本ハム（24～）

REGULAR SEASON

年度	所属球団	登板	勝利	敗北	セーブ	ホールド	投球回	四死球	三振	防御率
NO DATA										

AWARD ／ —

ドリュー・バーヘイゲン

DREW VERHAGEN

45

≪復帰

2020年から2年間プレーした助っ人右腕が帰ってくる。昨季メジャーリーグで60試合5勝1敗、防御率3.98と活躍。それでも「ファイターズに戻ってプレーしたいという思いが強かった」とメジャーのオファーを断り日本でのプレーを選択した。先発の中核として期待。

PROFILE

■1990年10月22日(34歳)　■アメリカ合衆国　■198cm・104kg　■右投右打
■ヴァンダービルト大→タイガース(12〜19)→北海道日本ハム(20〜21)→カージナルス(22〜23)→北海道日本ハム(24〜)

REGULAR SEASON

年度	所属球団	登板	勝利	敗北	セーブ	ホールド	投球回	四死球	三振	防御率
2021	北海道日本ハム	20	5	8	0	0	96	39	100	3.84
2022	――	-	-	-	-	-	-	-	-	-
2023	――	-	-	-	-	-	-	-	-	-
	通　算	38	13	14	0	0	207 2/3	74	215	3.51

AWARD ／ —

PITCHER

46

畔柳亨丞

KYOSUKE KUROYANAGI

プロ2年目のシーズンは1軍出場を果たせず。ファームでも17試合で0勝2敗、防御率7.13と悔しい結果に。それでもオフのフェニックス・リーグでは、3試合に先発し計9イニングで1失点と好投。変化球にも磨きをかけ自慢の直球を生かす投球を心がけたい。

PROFILE

■2003年5月3日(21歳)　■愛知県　■178cm・85kg　■右投右打
■中京大中京高→北海道日本ハム(ドラフト5位・22〜)

REGULAR SEASON

年度	所属球団	登板	勝利	敗北	セーブ	ホールド	投球回	四死球	三振	防御率
2021	――	-	-	-	-	-	-	-	-	-
2022	北海道日本ハム	1	0	0	0	1	1	0	0	0.00
2023	北海道日本ハム	-	-	-	-	-	-	-	-	-
	通　算	1	0	0	0	1	1	0	0	0.00

AWARD ／ —

鈴木健矢

KENYA SUZUKI

47

昨年は先発、中継ぎで24試合に投げキャリアハイの6勝をマークしたが、「後半はまったく機能できなかったので、1年を通してしっかりとチームに貢献したい」と口にする。自身が課題とする左打者対策と体力強化をクリアし、さらなる飛躍を誓う。

PROFILE

■1997年12月11日(27歳)　■千葉県　■176cm・80kg　■右投左打
■木更津総合高→JX-ENEOS→北海道日本ハム(ドラフト4位・20〜)

REGULAR SEASON

年度	所属球団	登板	勝利	敗北	セーブ	ホールド	投球回	四死球	三振	防御率
2021	北海道日本ハム	21	0	0	0	0	19 1/3	10	11	4.19
2022	北海道日本ハム	19	2	1	0	3	38	17	25	2.84
2023	北海道日本ハム	24	6	4	0	1	65	24	23	2.63
	通　算	75	8	6	0	4	133 2/3	58	70	3.37

AWARD ／ —

齋藤友貴哉 48

YUKIYA SAITO

移籍1年目はキャンプ初日でアクシデントに見舞われ、その後右ひざ前十字靭帯断裂と診断され手術。1軍、ファーム通して登板なしとなった。それでも厳しいリハビリなどを乗り越え、11月の秋季キャンプでピッチングを再開。今季こそ1軍の戦力になりたい。

PROFILE
- 1995年1月5日(29歳)　■山形県　■184cm・92kg　■右投左打
- 山形中央高→桐蔭横浜大→ホンダ→阪神(ドラフト4位・19〜22)→北海道日本ハム(23〜)

REGULAR SEASON

年度	所属球団	登板	勝利	敗北	セーブ	ホールド	投球回	四死球	三振	防御率
2021	阪神	19	1	1	0	1	23 1/3	12	26	4.63
2022	阪神	20	0	1	0	0	23 1/3	13	27	5.01
2023	北海道日本ハム	-	-	-	-	-	-	-	-	-
	通　算	45	1	2	0	1	55 2/3	33	66	5.01

AWARD ／ —

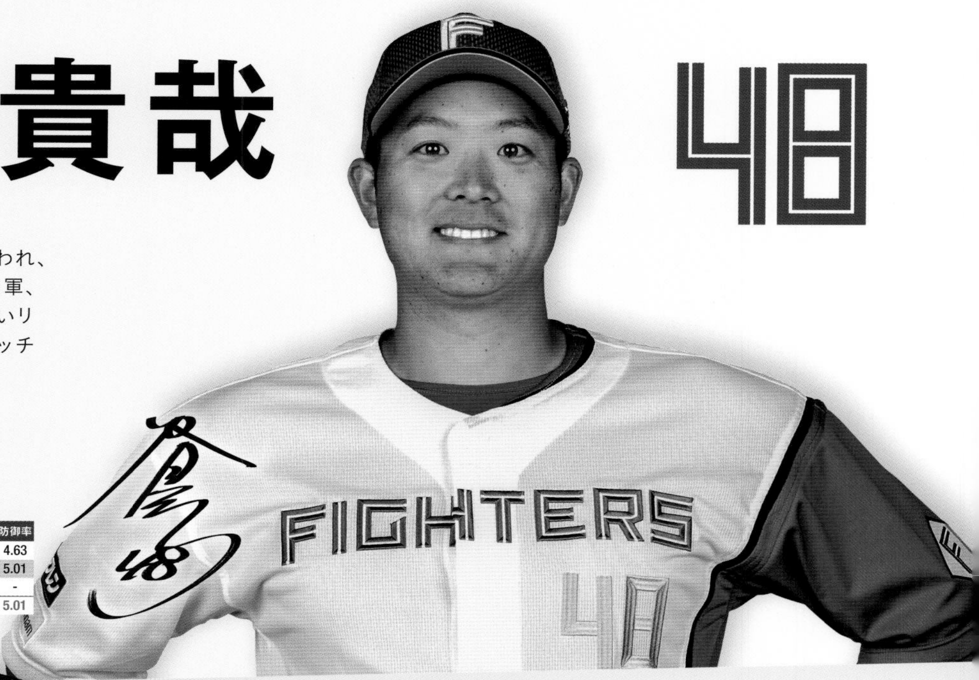

51 石川直也

NAOYA ISHIKAWA

昨季は、守護神復活を印象づけたかったが序盤のケガで16試合登板に終わった。苦いシーズンとなったが、昨季終盤からは体をつくり直して、ストレートの球速を取り戻すことに注力している。輝きを放った場所に返り咲くため、10年目の右腕は努力を続ける。

PROFILE
- 1996年7月11日(28歳)　■山形県　■192cm・93kg　■右投右打
- 山形中央高→北海道日本ハム(ドラフト4位・15〜)

REGULAR SEASON

年度	所属球団	登板	勝利	敗北	セーブ	ホールド	投球回	四死球	三振	防御率
2021	北海道日本ハム	-	-	-	-	-	-	-	-	-
2022	北海道日本ハム	36	2	2	6	8	32	14	37	3.94
2023	北海道日本ハム	16	0	0	1	3	15 1/3	5	12	5.87
	通　算	202	6	7	31	58	201	82	228	3.67

AWARD ／ —

PITCHER

池田隆英 52

TAKAHIDE IKEDA

主に中継ぎとしてキャリアハイの51試合に登板。勝利の方程式の一角としてチームトップの25ホールドも記録した。「勝った状態で後ろにバトンを渡すことが大事だと感じた。(今年も) しっかりやらなければいけない」と語り、不動のセットアッパー確立を目指す。

PROFILE
- 1994年10月1日(30歳)　■佐賀県　■181cm・86kg　■右投右打
- 創価高→創価大→楽天(ドラフト2位・17〜20)→北海道日本ハム(21〜)

REGULAR SEASON

年度	所属球団	登板	勝利	敗北	セーブ	ホールド	投球回	四死球	三振	防御率
2021	北海道日本ハム	18	3	10	0	1	82 1/3	40	52	3.94
2022	北海道日本ハム	4	1	3	0	0	16 1/3	6	11	3.31
2023	北海道日本ハム	51	1	5	0	25	50 1/3	14	45	2.86
	通　算	88	6	23	0	30	191 2/3	81	132	4.04

AWARD ／ —

PITCHER

安西叶翔

54

KANATO ANZAI

ルーキーイヤーは、プロで戦える体づくりが中心となったが9月にファームで実戦を経験。オフはストレートの球速アップを目指して下半身の強化を図った。伸びしろは十分なだけに、まずはファームで実績をつくり悲願の1軍デビューにつなげたい。

PROFILE

- 2004年11月13日(20歳) ■京都府 ■186cm・92kg ■右投右打
- 常葉大学附属菊川高→北海道日本ハム(ドラフト4位・23～)

REGULAR SEASON

年度	所属球団	登板	勝利	敗北	セーブ	ホールド	投球回	四死球	三振	防御率
2021	―――	-	-	-	-	-	-	-	-	-
2022	―――	-	-	-	-	-	-	-	-	-
2023	北海道日本ハム	-	-	-	-	-	-	-	-	-
	通　算	-	-	-	-	-	-	-	-	-

AWARD ／ ―

松浦慶斗

55

KEITO MATSUURA

プロ2年目の昨季は、ファームで6試合に登板して、防御率8点台と飛躍のきっかけをつかめなかった。オフのフェニックス・リーグでも3試合で5イニングを投げ2失点。成長途上の左腕だが、今季はファームで実績を残して1軍へのアピールを続けたい。

PROFILE

- 2003年7月1日(21歳) ■宮城県 ■186cm・101kg ■左投左打
- 大阪桐蔭高→北海道日本ハム(ドラフト7位・22～)

REGULAR SEASON

年度	所属球団	登板	勝利	敗北	セーブ	ホールド	投球回	四死球	三振	防御率
2021	―――	-	-	-	-	-	-	-	-	-
2022	北海道日本ハム	1	0	1	0	0	1	1	0	18.00
2023	北海道日本ハム	-	-	-	-	-	-	-	-	-
	通　算	1	0	1	0	0	1	1	0	18.00

AWARD ／ ―

北山亘基

57

KOKI KITAYAMA

シーズン途中から先発へ転向し6勝をマーク。「自分が持っているパフォーマンスを出し切れば、ある程度の勝負ができるという発見があった」と振り返るも、シーズンを通して1軍で活躍できなかったことを悔やむ。今季の目標は1年間先発ローテを守ること。

PROFILE

■1999年4月10日(25歳)　■京都府　■182cm・82kg　■右投右打
■京都成章高→京都産業大→北海道日本ハム(ドラフト8位・22〜)

REGULAR SEASON

年度	所属球団	登板	勝利	敗北	セーブ	ホールド	投球回	四死球	三振	防御率
2021	――――	-	-	-	-	-	-	-	-	-
2022	北海道日本ハム	55	3	5	9	16	51 1/3	32	58	3.51
2023	北海道日本ハム	14	6	5	0	0	66	34	58	3.41
	通　算	69	9	10	9	16	117 1/3	66	116	3.45

AWARD／―

59

根本悠楓

HARUKA NEMOTO

シーズン後半に1軍昇格を果たし、5試合で3勝を挙げた。しかし登板数が前年を下回ったこともあり「ダメなシーズンでした」と悔しさをにじませた。今季は開幕からのローテ入りが最大目標。プロ4年目を迎える若き左腕がフィジカル強化で覚醒を誓う。

PROFILE

■2003年3月31日(21歳)　■北海道　■173cm・77kg　■左投左打
■苫小牧中央高→北海道日本ハム(ドラフト5位・21〜)

REGULAR SEASON

年度	所属球団	登板	勝利	敗北	セーブ	ホールド	投球回	四死球	三振	防御率
2021	北海道日本ハム	-	-	-	-	-	-	-	-	-
2022	北海道日本ハム	13	3	3	0	1	60 2/3	28	53	2.52
2023	北海道日本ハム	5	3	1	0	0	25	17	23	2.88
	通　算	18	6	4	0	1	85 2/3	45	76	2.63

AWARD／―

PITCHER

北浦竜次

RYUJI KITAURA

63

2年ぶりの開幕1軍は逃したがファームで12試合に投げ防御率1点台とアピール。8月上旬に1軍昇格し、中継ぎとして自己最多の12試合に登板した。オフのフェニックス・リーグでは先発も経験。今季はどの役割でも1軍定着し才能開花を目指す。

PROFILE

■2000年1月12日(24歳)　■栃木県　■184cm・99kg　■左投左打
■白鴎大足利高→北海道日本ハム(ドラフト5位・18〜)

REGULAR SEASON

年度	所属球団	登板	勝利	敗北	セーブ	ホールド	投球回	四死球	三振	防御率
2021	北海道日本ハム	3	0	0	0	0	5 1/3	2	4	3.38
2022	北海道日本ハム	11	0	0	1	0	7 2/3	5	6	2.35
2023	北海道日本ハム	12	0	0	0	0	11 2/3	2	11	3.09
	通　算	36	1	2	1	1	46 1/3	18	28	4.86

AWARD／ —

67

山本拓実

TAKUMI YAMAMOTO

シーズン途中にトレード加入し、26試合に登板。防御率も1点台を記録して、リリーフ陣を支えた。自身も「トレードは自分にとっていいきっかけになりました」と語り、引き出しも増えたと成長を明かす。今季はリーグトップの登板数を目指し、フル回転を誓う。

PROFILE

■2000年1月31日(24歳)　■兵庫県　■167cm・80kg　■右投右打
■市立西宮高→中日(ドラフト6位・18〜23途)→北海道日本ハム(23途〜)

REGULAR SEASON

年度	所属球団	登板	勝利	敗北	セーブ	ホールド	投球回	四死球	三振	防御率
2021	中日	9	1	0	0	0	14	9	12	6.43
2022	中日	30	1	0	0	4	30	18	19	3.60
2023	中日	14	0	1	0	0	13	5	11	5.54
2023	北海道日本ハム	26	0	0	0	3	24	6	19	1.50
	通　算	98	6	7	0	7	157 1/3	83	116	3.83

AWARD／ —

田中瑛斗

EITO TANAKA

93

飛躍を誓った昨季だったが、ファームで14試合に登板して勝ち星なし。それでも防御率3点台前半と粘りを見せシーズン後半で2度の1軍先発につなげた。プロ7年目となる今季は結果を求められるだけに、多彩な球種で相手を翻弄できるかに注目だ。

PROFILE

■1999年7月13日(25歳)　■大分県　■184cm・84kg　■右投左打
■柳ヶ浦高→北海道日本ハム(ドラフト3位・18〜21、育成・22〜22途、22途〜)

REGULAR SEASON

年度	所属球団	登板	勝利	敗北	セーブ	ホールド	投球回	四死球	三振	防御率
2021	北海道日本ハム	-	-	-	-	-	-	-	-	-
2022	北海道日本ハム	4	1	3	0	0	18 2/3	14	8	4.82
2023	北海道日本ハム	2	0	0	0	0	8 1/3	8	4	5.40
	通　算	7	1	4	0	0	29	23	13	5.28

AWARD／ —

加藤大和 113

YAMATO KATOH

ルーキー

190cmの長身から投げ下ろすストレートが魅力の高卒左腕。球速はまだ140km/h台半ばだが、体ができあがれば150km/hオーバーも狙える能力を持つなど伸びしろは無限大。まずは、プロで戦える体力、精神力を身につけ、一歩ずつ成長してもらいたい。

PROFILE

■2006年1月12日(18歳) ■愛知県 ■190cm・79kg ■左投左打
■帝京大可児高→北海道日本ハム(育成ドラフト3位・24〜)

REGULAR SEASON

年度	所属球団	登板	勝利	敗北	セーブ	ホールド	投球回	四死球	三振	防御率
	NO DATA									

AWARD ／ —

114 松本遼大

RYODAI MATSUMOTO

育成3年目は、ファームで25試合に投げ5勝を挙げてアピールしたが支配下入りは果たせなかった。それでも育成再契約を勝ち取ったのは成長の証といえる。高いリリースポイントを生かした投球にも磨きがかかっているだけに、早期の支配下入りを狙う。

PROFILE

■2002年5月17日(22歳) ■岩手県 ■188cm・96kg ■右投右打
■花巻東高→北海道日本ハム(育成ドラフト1位・21〜)

REGULAR SEASON

年度	所属球団	登板	勝利	敗北	セーブ	ホールド	投球回	四死球	三振	防御率
2021	北海道日本ハム	-	-	-	-	-	-	-	-	-
2022	北海道日本ハム	-	-	-	-	-	-	-	-	-
2023	北海道日本ハム	-	-	-	-	-	-	-	-	-
	通　算	-	-	-	-	-	-	-	-	-

AWARD ／ —

齊藤伸治

115

SHINJI SAITOH

ファームではチームトップの43試合に登板。3勝5敗2セーブ、防御率2.82と一定の数字を残した。オフのフェニックス・リーグでも4戦で5イニングを投げ1失点の結果。今季こそ支配下入りし、1軍のマウンドで躍動したい。

PROFILE

■1998年6月13日(26歳)　■千葉県　■181cm・84kg　■右投右打
■習志野高→東京情報大→北海道日本ハム(育成ドラフト2位・21〜)

REGULAR SEASON

年度	所属球団	登板	勝利	敗北	セーブ	ホールド	投球回	四死球	三振	防御率
2021	北海道日本ハム	-	-	-	-	-	-	-	-	-
2022	北海道日本ハム	-	-	-	-	-	-	-	-	-
2023	北海道日本ハム	-	-	-	-	-	-	-	-	-
	通　算	-	-	-	-	-	-	-	-	-

AWARD ／ —

121

福島 蓮

REN FUKUSHIMA

育成2年目は、春季キャンプでの実戦も含めて17イニング無失点を記録するなどアピール。支配下入りは逃したが、ファームで4勝をマークし、防御率も2点台と成長を示した。長身を生かしたピッチングにも磨きがかかっており、今季こそ2ケタ背番号を手にしたい。

PROFILE

■2003年4月25日(21歳)　■青森県　■190cm・76kg　■右投右打
■八戸西高→北海道日本ハム(育成ドラフト1位・22〜)

REGULAR SEASON

年度	所属球団	登板	勝利	敗北	セーブ	ホールド	投球回	四死球	三振	防御率
2021	――――	-	-	-	-	-	-	-	-	-
2022	北海道日本ハム	-	-	-	-	-	-	-	-	-
2023	北海道日本ハム	-	-	-	-	-	-	-	-	-
	通　算	-	-	-	-	-	-	-	-	-

AWARD ／ —

柳川大晟

123

TAISEI YANAGAWA

リハビリに費やしたルーキーイヤーの経験を踏まえて、さらなる成長を見据えた育成2年目は、ファームで13試合に投げ防御率1点台をマーク。長身を生かしたストレートも威力が増している。このまま成長を続ければ今季中の支配下入りも近いはずだ。

PROFILE

■2003年8月21日(21歳)　■大分県　■191cm・92kg　■右投右打
■九州国際大付属高→北海道日本ハム(育成ドラフト3位・22〜)

REGULAR SEASON

年度	所属球団	登板	勝利	敗北	セーブ	ホールド	投球回	四死球	三振	防御率
2021	――――	-	-	-	-	-	-	-	-	-
2022	北海道日本ハム	-	-	-	-	-	-	-	-	-
2023	北海道日本ハム	-	-	-	-	-	-	-	-	-
	通　算	-	-	-	-	-	-	-	-	-

AWARD ／ —

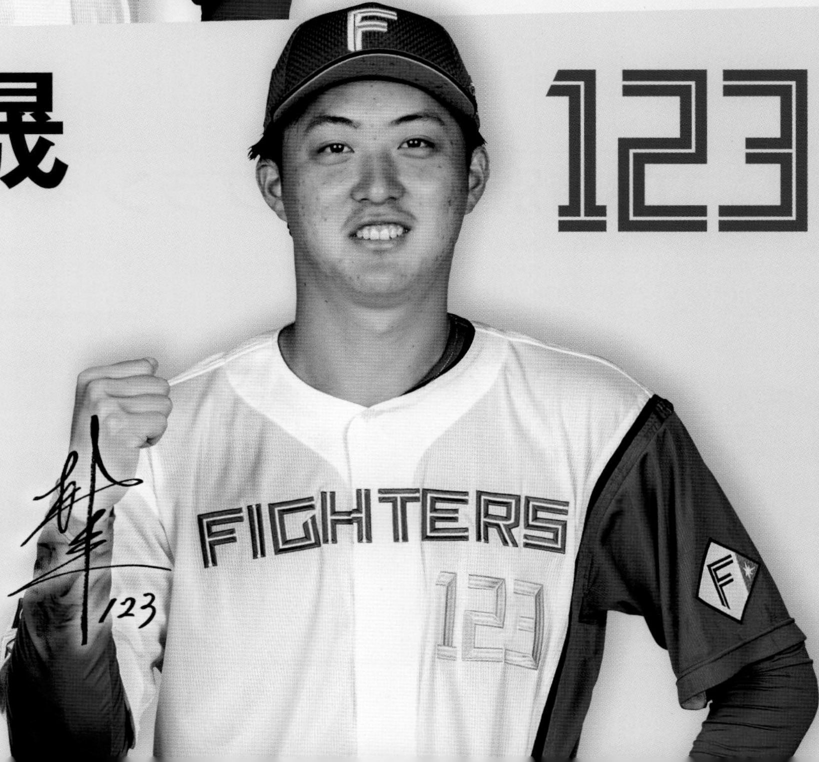

中山晶量

126

TERUKAZU NAKAYAMA

ルーキーイヤーでの支配下入りは逃したがファームで13試合に登板して防御率3点台と高い能力を示してくれた。自慢のストレートにより磨きがかかれば、十分にプロの世界でも戦える自信もつくはず。今季こそ2ケタ背番号でマウンドに立ちたい。

PROFILE

- 1999年2月8日(25歳)　■徳島県　■188cm・90kg　■右投右打
- 鳴門高→明治大→徳島インディゴソックス→北海道日本ハム(育成ドラフト2位・23～)

REGULAR SEASON

年度	所属球団	登板	勝利	敗北	セーブ	ホールド	投球回	四死球	三振	防御率
2021	――――――	-	-	-	-	-	-	-	-	-
2022	――――――	-	-	-	-	-	-	-	-	-
2023	北海道日本ハム	-	-	-	-	-	-	-	-	-
	通　算	-	-	-	-	-	-	-	-	-

AWARD／ ―

山本晃大

128

KODAI YAMAMOTO

ファームで34試合に投げて経験は積んだものの、防御率は5点台と、壁にぶつかった育成1年目だった。しかし、この経験を生かすことが支配下入りの糧になるはず。キレのある直球は誰もが認める武器となるだけに、投球の幅を広げて支配下入りを目指す。

PROFILE

- 1999年4月23日(25歳)　■三重県　■186cm・90kg　■左投左打
- 佐久長聖高→関西学院大→信濃グランセローズ→北海道日本ハム(育成ドラフト4位・23～)

REGULAR SEASON

年度	所属球団	登板	勝利	敗北	セーブ	ホールド	投球回	四死球	三振	防御率
2021	――――――	-	-	-	-	-	-	-	-	-
2022	――――――	-	-	-	-	-	-	-	-	-
2023	北海道日本ハム	-	-	-	-	-	-	-	-	-
	通　算	-	-	-	-	-	-	-	-	-

AWARD／ ―

PITCHER

鍵谷陽平

YOHEI KAGIYA

130

≪ 復帰

2019年以来の古巣復帰となるベテラン右腕。入団会見では「ファイターズに戻ったというだけでなく、チームに貢献したい」と早期での支配下入りを誓った。まずは、ファームで力が衰えていないことを証明して、1軍リリーフ陣のピースになれるか注目したい。

PROFILE

■ 1990年9月23日（34歳）　■ 北海道　■ 178cm・86kg　■ 右投右打
■ 北海高→中央大→北海道日本ハム（ドラフト3位・13〜19途）→巨人（19途〜23）→北海道日本ハム（育成・24〜）

REGULAR SEASON

年度	所属球団	登板	勝利	敗北	セーブ	ホールド	投球回	四死球	三振	防御率
2021	巨人	59	3	0	1	15	42 1/3	18	30	3.19
2022	巨人	21	2	0	0	3	17	5	9	3.71
2023	巨人	13	2	0	1	2	11 1/3	5	11	3.18
	通　算	419	25	15	7	84	398	182	324	3.46

AWARD ／ —

137

柿木 蓮

REN KAKIGI

PITCHER

支配下復帰を狙ったプロ5年目は、ファームで33試合に登板し4勝をマーク。また防御率は2点台と安定したピッチングを披露した。同期入団の野手がチームの中核を担う活躍を見せているだけに、今季こそ支配下復帰を果たし、初勝利をつかみたい。

PROFILE

■ 2000年6月25日（24歳）　■ 佐賀県　■ 181cm・87kg　■ 右投右打
■ 大阪桐蔭高→北海道日本ハム（ドラフト5位・19〜22、育成登録・23〜）

REGULAR SEASON

年度	所属球団	登板	勝利	敗北	セーブ	ホールド	投球回	四死球	三振	防御率
2021	北海道日本ハム	-	-	-	-	-	-	-	-	-
2022	北海道日本ハム	4	0	0	0	0	4 1/3	2	1	2.08
2023	北海道日本ハム	-	-	-	-	-	-	-	-	-
	通　算	4	0	0	0	0	4 1/3	2	1	2.08

AWARD ／ —

宮内春輝

HARUKI MIYAUCHI

162

プロ1年目は1軍で15試合に登板し、プロ初勝利、初ホールドを記録。2年目の飛躍へつなげたかったが、オフの秋季キャンプ中に左ひざ前十字靱帯断裂というアクシデントに見舞われ育成契約に。まずは、リハビリをこなし、実戦復帰できるまで回復させたい。

PROFILE

■ 1996年5月25日（28歳）　■ 千葉県　■ 176cm・75kg　■ 右投右打
■ 多古高→明星大→日本製紙石巻→北海道日本ハム（ドラフト6位・23、育成・24〜）

REGULAR SEASON

年度	所属球団	登板	勝利	敗北	セーブ	ホールド	投球回	四死球	三振	防御率
2021	――――	-	-	-	-	-	-	-	-	-
2022	――――	-	-	-	-	-	-	-	-	-
2023	北海道日本ハム	15	1	0	0	1	16 2/3	5	18	6.48
	通　算	15	1	0	0	1	16 2/3	5	18	6.48

AWARD ／ —

松岡洸希

KOKI MATSUOKA

168

2022年オフ、現役ドラフトで加入し、新天地での飛躍を誓ったが1軍登板はなし。ファームでは先発を中心に23試合に登板も2勝6敗、防御率4.81と悔しい数字となった。育成選手として再スタートとなる今季。もう一度自分を見つめ直し、支配下を狙う。

PROFILE

■2000年8月31日(24歳)　■埼玉県　■180cm・85kg　■右投右打
■桶川西高→埼玉武蔵ヒートベアーズ→埼玉西武(ドラフト3位・20～22)→北海道日本ハム(23、育成・24～)

REGULAR SEASON

年度	所属球団	登板	勝利	敗北	セーブ	ホールド	投球回	四死球	三振	防御率
2021	埼玉西武	5	0	0	0	0	4	6	1	11.25
2022	埼玉西武	-	-	-	-	-	-	-	-	-
2023	北海道日本ハム	-	-	-	-	-	-	-	-	-
	通　算	7	0	0	0	0	6	8	1	12.00

AWARD ／ —

196

新加入 ❯❯

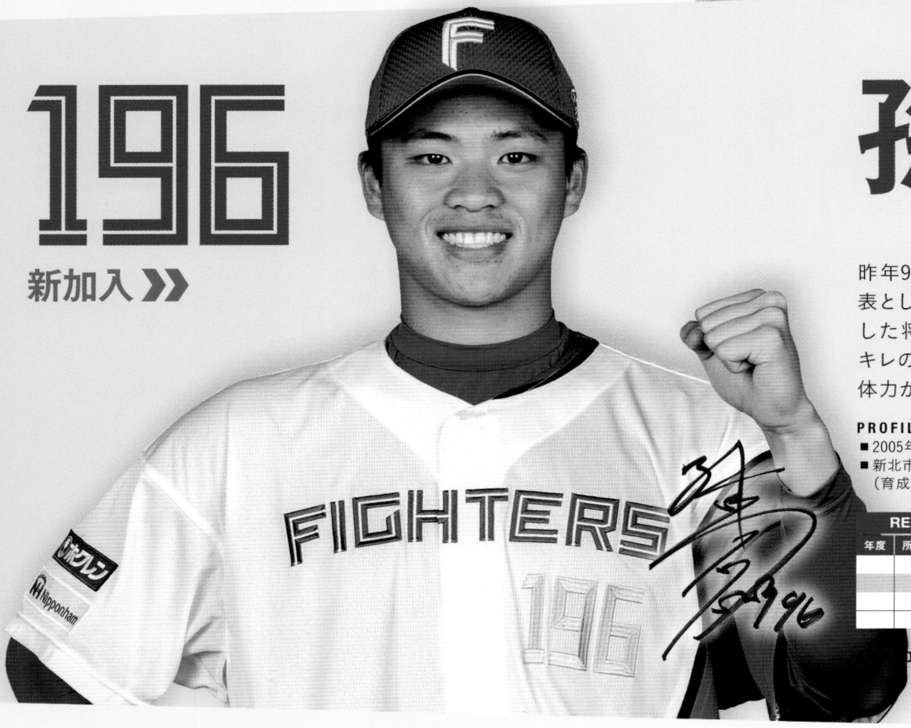

孫 易磊

SUN YI-LEI

昨年9月の「WBSC U-18 ワールドカップ」で台湾代表として参加し、4試合で防御率0.50という成績を残した将来の有望株。ストレートは最速156km/hで、キレのある変化球も操る。まずは日本の環境になれ、体力がアップすれば支配下入りも早いはずだ。

PROFILE

■2005年2月10日(19歳)　■台湾　■183cm・81kg　■右投左打
■新北市穀保高級家事商業職業学校→中國文化大(台湾)→北海道日本ハム(育成・24～)

REGULAR SEASON

年度	所属球団	登板	勝利	敗北	セーブ	ホールド	投球回	四死球	三振	防御率
NO DATA										

AWARD ／ —

PITCHER

OFFSHOT

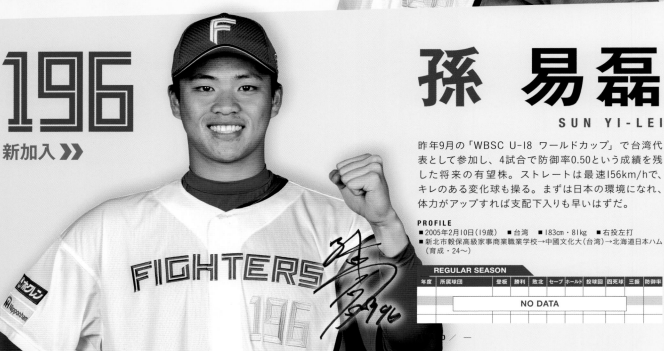

アリエル・マルティネス

2

ARIEL MARTINEZ

移籍1年目は119試合に出場し、本塁打、打点はチーム2位の成績。オールスターにも初出場を果たし、外国人捕手として68年ぶりにマスクも被った。今季も勝負強いバッティングで打線をけん引することはもちろん、捕手としても存在感を示したい。

PROFILE

■1996年5月28日(28歳)　■キューバ共和国　■190cm・95kg　■右投右打
■コマンダンテマヌエルピティファハルド体育大→キューバ・マタンサス→中日(18〜22)→北海道日本ハム(23〜)

REGULAR SEASON

年度	所属球団	試合	打数	安打	本塁打	打点	盗塁	四死球	三振	打率
2021	中日	48	82	20	2	7	0	12	30	.244
2022	中日	82	254	70	8	24	1	30	55	.276
2023	北海道日本ハム	119	386	95	15	66	0	55	99	.246
	通　算	288	817	213	27	110	1	111	215	.261

AWARD ／ —

10

清水優心

YUSHI SHIMIZU

「いいところがなかった」と本人も語るように、試合出場も32に終わりチームに貢献できず。プロ10年目の節目となる今季。試合出場数増はもちろんのこと「どうやったらチームを勝たせられるかを考えて、トレーニングしていく」という言葉を胸に巻き返しを誓う。

PROFILE

■1996年5月22日(28歳)　■山口県　■185cm・91kg　■右投右打
■九州国際大付高→北海道日本ハム(ドラフト2位・15〜)

REGULAR SEASON

年度	所属球団	試合	打数	安打	本塁打	打点	盗塁	四死球	三振	打率
2021	北海道日本ハム	100	214	44	4	18	0	28	60	.206
2022	北海道日本ハム	30	62	12	0	3	0	2	15	.194
2023	北海道日本ハム	32	50	13	0	5	1	4	13	.260
	通　算	482	998	218	20	97	1	88	265	.218

AWARD ／ —

伏見寅威

23

TORAI FUSHIMI

打撃面で苦しむも、持ち前の巧みなリードで投手陣を支え、チームトップのスタメンマスク74試合を記録。それでもチームが最下位になったことには悔しさをにじませた。今季本拠地開幕戦のスタメンマスクも発表済み。移籍2年目も扇の要に君臨する。

PROFILE

■1990年5月12日(34歳)　■北海道　■182cm・87kg　■右投右打
■東海大四高→東海大→オリックス(ドラフト3位・13〜22)→北海道日本ハム(23〜)

REGULAR SEASON

年度	所属球団	試合	打数	安打	本塁打	打点	盗塁	四死球	三振	打率
2021	オリックス	91	238	52	4	25	0	17	39	.218
2022	オリックス	76	205	47	3	21	2	13	42	.229
2023	北海道日本ハム	89	229	46	3	12	0	12	42	.201
	通　算	507	1197	276	19	110	2	77	232	.231

AWARD ／ —

CATCHER

古川裕大

YUDAI FURUKAWA

27

5月にケガで離脱した影響もあり、出場試合数は17に終わった。それでも「配球面は少し手応えを感じました」と前を向く。オフはスイングスピードを速くすることを課題に挙げ、打撃、守備の両面で鍛錬を続けた。今季こそ1軍定着で存在感を示したい。

PROFILE

■1998年6月19日(26歳)　■福岡県　■184cm・90kg　■右投左打
■久留米商高→上武大→北海道日本ハム(ドラフト3位・21〜)

REGULAR SEASON

年度	所属球団	試合	打数	安打	本塁打	打点	盗塁	四死球	三振	打率
2021	北海道日本ハム	-	-	-	-	-	-	-	-	-
2022	北海道日本ハム	36	96	22	0	1	0	8	23	.229
2023	北海道日本ハム	17	43	8	0	4	0	1	15	.186
	通　算	53	139	30	0	5	0	9	38	.216

AWARD ／ —

30

郡司裕也

YUYA GUNJI

昨季途中にトレードで加入し、持ち前のバッティングでアピール。55試合に出場し、捕手だけでなく、ファースト、セカンド、外野と複数ポジションをこなした。今季もユーティリティーの能力を発揮して、目標である規定打席をクリアし、チームの勝利に貢献したい。

PROFILE

■1997年12月27日(27歳)　■千葉県　■180cm・89kg　■右投右打
■仙台育英高→慶應義塾大→中日(ドラフト4位・20〜23途)→北海道日本ハム(23途〜)

REGULAR SEASON

年度	所属球団	試合	打数	安打	本塁打	打点	盗塁	四死球	三振	打率
2021	中日	9	13	6	0	3	0	2	3	.462
2022	中日	33	42	8	0	0	0	6	12	.190
2023	中日	1	1	0	0	0	0	0	0	.000
2023	北海道日本ハム	55	169	43	3	19	2	16	30	.254
	通　算	128	289	67	3	26	2	34	64	.232

AWARD ／ —

進藤勇也

YUYA SHINTOH

33

ルーキー

二塁送球が最速1秒8を誇る強肩に、キャッチングやインサイドワークの高さも光るドラ2。パンチ力を秘める打撃面での成長があれば面白い存在になることは間違いない。大学時代同部屋だった先輩・古川裕大と切磋琢磨して、1軍の捕手争いに食い込めるか。

PROFILE

■2002年3月10日(22歳)　■福岡県　■182cm・90kg　■右投右打
■筑陽学園高→上武大→北海道日本ハム(ドラフト2位・24〜)

REGULAR SEASON

年度	所属球団	試合	打数	安打	本塁打	打点	盗塁	四死球	三振	打率
NO DATA										

AWARD ／ —

郡　拓也

60

TAKUYA KOHRI

内外野さまざまなポジションをこなすユーティリティー。万能性を発揮したかった昨季だったが、1軍出場は7試合に終わった。オフも複数ポジションをこなせるように練習に励んだ。今季こそバッティングで結果を残して、1軍の戦力として存在感を示せるか。

PROFILE

■1998年4月25日（26歳）　■東京都　■179cm・88kg　■右投右打
■帝京高→北海道日本ハム（ドラフト7位・17〜）

REGULAR SEASON

年度	所属球団	試合	打数	安打	本塁打	打点	盗塁	四死球	三振	打率
2021	北海道日本ハム	33	69	13	0	4	1	7	23	.188
2022	北海道日本ハム	26	56	7	2	6	1	5	16	.125
2023	北海道日本ハム	7	15	4	0	0	1	0	1	.267
	通　算	78	151	25	2	10	3	13	44	.166

AWARD／ —

64

田宮裕涼

YUA TAMIYA

1軍出場数は一昨年を下回ったが、プロ入り後初ホームランをマーク。また武器の“ゆあビーム”で1試合3盗塁刺を記録するなど、プロ5年目での成長を見せつけた。春季キャンプはプロ入り後初の1軍スタート。この勢いで熾烈な捕手争いを制することができるか。

PROFILE

■2000年6月13日（24歳）　■千葉県　■175cm・79kg　■右投左打
■成田高→北海道日本ハム（ドラフト6位・19〜）

REGULAR SEASON

年度	所属球団	試合	打数	安打	本塁打	打点	盗塁	四死球	三振	打率
2021	北海道日本ハム	3	1	0	0	0	0	0	0	.000
2022	北海道日本ハム	14	18	2	0	0	0	1	4	.111
2023	北海道日本ハム	10	31	8	2	9	2	0	7	.258
	通　算	31	57	13	2	9	3	1	13	.228

AWARD／ —

梅林優貴

165

YUKI UMEBAYASHI

シーズン中盤に1軍昇格も7試合の出場となり定着ならず。そんななかでも2軍で打率.242と課題の打撃面の向上が見られた。今季は育成からの再スタート。もう一度自分自身を見つめ直し、打撃、守備面で向上し、2ケタ背番号復帰を誓う。

PROFILE

■1998年3月14日（26歳）　■広島県　■171cm・81kg　■右投右打
■高陽東高→広島文化学園大→北海道日本ハム（ドラフト6位・20〜23、育成・24〜）

REGULAR SEASON

年度	所属球団	試合	打数	安打	本塁打	打点	盗塁	四死球	三振	打率
2021	北海道日本ハム	-	-	-	-	-	-	-	-	-
2022	北海道日本ハム	22	48	5	0	3	0	1	19	.104
2023	北海道日本ハム	7	6	3	0	0	0	0	1	.500
	通　算	29	54	8	0	3	0	1	20	.148

AWARD／ —

加藤豪将

GOSUKE KATOH

3

NPB 1年目は、2リーグ制以降の新人記録タイとなるデビューから10試合連続安打をマーク。それでもケガなどもあり1軍定着とはならず、最終打率も2割台前半に終わった。「チームの優勝に貢献できるよう全力を尽くす」と力を込めた2年目の飛躍に期待だ。

PROFILE

■1994年10月8日(30歳)　■アメリカ合衆国　■185cm・88kg　■右投左打
■ランチョ・バーナード高→ヤンキース傘下→マーリンズ傘下→パドレス傘下→ブルージェイズ→メッツ傘下→北海道日本ハム(ドラフト3位・23〜)

REGULAR SEASON

年度	所属球団	試合	打数	安打	本塁打	打点	盗塁	四死球	三振	打率
2021	――――	-	-	-	-	-	-	-	-	-
2022	――――	-	-	-	-	-	-	-	-	-
2023	北海道日本ハム	62	200	42	6	16	3	21	35	.210
	通　算	62	200	42	6	16	3	21	35	.210

AWARD ／ ―

上川畑大悟

DAIGO KAMIKAWABATA

4

INFIELDER

2年目で初の100試合出場をクリアも、打撃に苦しみ数字は残せず。さらに武器である守備でも10失策と精彩を欠いた。「このままではレギュラーの座をつかめない」と気を引き締めた今季。攻守ともにさらなるレベルアップをして、定位置奪取に挑む。

PROFILE

■1997年1月12日(27歳)　■岡山県　■167cm・71kg　■右投左打
■倉敷商高→日本大→NTT東日本→北海道日本ハム(ドラフト9位・22〜)

REGULAR SEASON

年度	所属球団	試合	打数	安打	本塁打	打点	盗塁	四死球	三振	打率
2021	――――	-	-	-	-	-	-	-	-	-
2022	北海道日本ハム	80	261	76	2	17	8	28	45	.291
2023	北海道日本ハム	108	293	62	0	18	3	40	51	.212
	通　算	188	554	138	2	35	11	68	96	.249

AWARD ／ ―

野村佑希

YUKI NOMURA

5

プロ5年目で初の開幕4番を託され、チームのエスコン初アーチを記録。初の2ケタ本塁打もマークしたが、打率は2割台前半、得点圏打率は1割台と苦しんだ。同期で同学年の万波中正が結果を残しただけに、次は自分という思いも強い。4番再奪還で飛躍だ。

PROFILE

■2000年6月26日(24歳)　■アメリカ合衆国　■187cm・97kg　■右投右打
■花咲徳栄高→北海道日本ハム(ドラフト2位・19〜)

REGULAR SEASON

年度	所属球団	試合	打数	安打	本塁打	打点	盗塁	四死球	三振	打率
2021	北海道日本ハム	99	371	99	7	37	0	20	90	.267
2022	北海道日本ハム	93	348	97	6	36	3	18	71	.279
2023	北海道日本ハム	125	423	100	13	43	4	46	112	.236
	通　算	338	1216	315	29	134	7	86	290	.259

AWARD ／ ―

中島卓也

9

TAKUYA NAKASHIMA

史上79人目の通算200盗塁を記録した昨季だったが、1軍出場は17試合に終わった。ケガにも苦しんだ1年だっただけに、コンディションが整えば勢いある若手に割って入る実力は十分にある。チームの優勝にはベテランの復活は欠かせない。

PROFILE

■1991年1月11日(33歳)　■福岡県　■178cm・75kg　■右投左打
■福岡工高→北海道日本ハム(ドラフト5位・09〜)

REGULAR SEASON

年度	所属球団	試合	打数	安打	本塁打	打点	盗塁	四死球	三振	打率
2021	北海道日本ハム	67	97	18	0	1	7	12	29	.186
2022	北海道日本ハム	68	130	29	0	8	17	11	31	.223
2023	北海道日本ハム	17	29	6	0	2	2	2	5	.207
	通　算	1235	3044	721	2	178	200	327	706	.237

AWARD ／　最多盗塁(15)、ベストナイン(15)

清宮幸太郎

21

KOTARO KIYOMIYA

ケガで離脱する時期もあったが、2年連続2ケタ本塁打に。打率もキャリアハイとなったが、「成績は満足できるようなものではなかった」と振り返った。40本塁打を目指す今季だったがキャンプイン前にアクシデントに見舞われた。まずは体調を万全にして巻き返しだ。

PROFILE

■1999年5月25日(25歳)　■東京都　■184cm・94kg　■右投左打
■早稲田実高→北海道日本ハム(ドラフト1位・18〜)

REGULAR SEASON

年度	所属球団	試合	打数	安打	本塁打	打点	盗塁	四死球	三振	打率
2021	北海道日本ハム	-	-	-	-	-	-	-	-	-
2022	北海道日本ハム	129	406	89	18	55	4	51	113	.219
2023	北海道日本ハム	99	356	87	10	41	2	56	69	.244
	通　算	458	1398	302	49	169	8	186	376	.216

AWARD ／　—

福田光輝

35

KOKI FUKUDA

開幕前にトレード加入となった昨季は、プロ4年目で初ホームランをマーク。出場試合もキャリアハイとなったが打率は1割台とアピールできなかった。内野のポジション争いが激しさを増すなか、さらなるバッティングの向上で存在感を示し1軍定着を目指す。

PROFILE

■1997年11月16日(27歳)　■大阪府　■176cm・80kg　■右投左打
■大阪桐蔭高→法政大→千葉ロッテ(ドラフト5位・20〜22)→北海道日本ハム(23〜)

REGULAR SEASON

年度	所属球団	試合	打数	安打	本塁打	打点	盗塁	四死球	三振	打率
2021	千葉ロッテ	-	-	-	-	-	-	-	-	-
2022	千葉ロッテ	13	18	3	0	1	0	4	3	.167
2023	北海道日本ハム	24	57	10	2	7	0	5	19	.175
	通　算	52	98	15	2	8	0	12	30	.153

AWARD ／　—

石井一成

38

KAZUNARI ISHII

開幕直後、ケガに見舞われ、その後も不振を脱しきれず出場試合数はキャリアワーストに。復活にかける今季は全試合フルイニング出場を目標に掲げる。「リーダーシップを持って二遊間を引っ張りたい」という言葉を実現させるため、攻守にわたり活躍を誓う。

PROFILE

■ 1994年5月6日(30歳)　■ 栃木県　■ 182cm・85kg　■ 右投左打
■ 作新学院高→早稲田大→北海道日本ハム(ドラフト2位・17～)

REGULAR SEASON

年度	所属球団	試合	打数	安打	本塁打	打点	盗塁	四死球	三振	打率
2021	北海道日本ハム	111	284	64	4	19	8	22	87	.225
2022	北海道日本ハム	102	296	70	6	32	8	21	64	.236
2023	北海道日本ハム	36	83	14	0	4	3	14	27	.169
	通　算	567	1419	302	18	108	28	118	412	.213

AWARD ／ —

39

有薗直輝

NAOKI ARIZONO

ファームでは96試合に出場して打率.211と確実性を欠いたが、6本塁打と持ち味の強打に磨きがかかっていることを証明。また、1軍出場は最終戦のみとなったが4番に座ったことは大きな経験だ。土台は固まってきているだけにプロ3年目の飛躍に期待。

PROFILE

■ 2003年5月21日(21歳)　■ 千葉県　■ 185cm・98kg　■ 右投右打
■ 千葉学芸高→北海道日本ハム(ドラフト2位・22～)

REGULAR SEASON

年度	所属球団	試合	打数	安打	本塁打	打点	盗塁	四死球	三振	打率
2021	――――――	-	-	-	-	-	-	-	-	-
2022	北海道日本ハム	4	7	0	0	0	0	0	4	.000
2023	北海道日本ハム	1	5	0	0	0	0	0	4	.000
	通　算	5	12	0	0	0	0	0	8	.000

AWARD ／ —

INFIELDER

水野達稀

43

TATSUKI MIZUNO

1軍で31試合とルーキーイヤーを上回ったが思い切りの良さが魅力のバッティングで苦しんだ。それでもファームでは2割台半ばの数字を残しており、レベルアップしているのは確か。あとは確実性をさらに上げればレギュラー奪取の日も近いはずだ。

PROFILE

■2000年7月30日(24歳)　■香川県　■171cm・75kg　■右投左打
■丸亀城西高→JR四国→北海道日本ハム(ドラフト3位・22〜)

REGULAR SEASON

年度	所属球団	試合	打数	安打	本塁打	打点	盗塁	四死球	三振	打率
2021	――――――	-	-	-	-	-	-	-	-	-
2022	北海道日本ハム	21	41	5	0	0	1	2	16	.122
2023	北海道日本ハム	31	56	9	0	6	1	4	21	.161
	通　算	52	97	14	0	6	2	6	37	.144

AWARD ／ ―

阪口樂

44

UTA SAKAGUCHI

プロ2年目は、1軍出場はできなかったがファームで96試合に出場。外野のポジションもこなすなどいい経験はできた。1軍入りへアピールする意味でも、課題のバッティング向上は不可欠。恵まれた体格と秘める才能を生かして、3年目の飛躍なるか。

PROFILE

■2003年6月24日(21歳)　■京都府　■187cm・96kg　■右投左打
■岐阜第一高→北海道日本ハム(ドラフト4位・22〜)

REGULAR SEASON

年度	所属球団	試合	打数	安打	本塁打	打点	盗塁	四死球	三振	打率
2021	――――――	-	-	-	-	-	-	-	-	-
2022	北海道日本ハム	3	6	1	0	0	0	0	4	.167
2023	北海道日本ハム	-	-	-	-	-	-	-	-	-
	通　算	3	6	1	0	0	0	0	4	.167

AWARD ／ ―

細川凌平

56

RYOHEI HOSOKAWA

内外野の守備を器用にこなしてキャリアハイの60試合に出場。打撃面では打率2割台前半と悔しさが残る数字になったがプロ初ホームランを記録した。「しっかり準備して納得できるプレーを増やすことができた」と手応えもあるだけに、今季は全試合フル出場を狙う。

PROFILE

■2002年4月25日(22歳)　■京都府　■174cm・76kg　■右投左打
■智辯和歌山高→北海道日本ハム(ドラフト4位・21〜)

REGULAR SEASON

年度	所属球団	試合	打数	安打	本塁打	打点	盗塁	四死球	三振	打率
2021	北海道日本ハム	9	25	5	0	0	0	1	12	.200
2022	北海道日本ハム	20	41	7	0	2	0	4	14	.171
2023	北海道日本ハム	60	97	21	1	10	1	7	26	.216
	通　算	89	163	33	1	12	1	12	52	.202

AWARD ／ ―

奈良間大己

58

TAIKI NARAMA

定位置奪取はかなわなかったが、ルーキーイヤーで65試合に出場。1年目としては数字も一定の評価を得られるもので、本人も「納得のいく年になった」とコメントした。レギュラー取りのかかる今季。守備の安定感に磨きをかけるとともに打撃での成長も誓う。

PROFILE
■2000年5月8日(24歳)　■静岡県　■172cm・75kg　■右投右打
■常葉大附属菊川高→立正大→北海道日本ハム(ドラフト5位・23〜)

REGULAR SEASON

年度	所属球団	試合	打数	安打	本塁打	打点	盗塁	四死球	三振	打率
2021	――――	-	-	-	-	-	-	-	-	-
2022	――――	-	-	-	-	-	-	-	-	-
2023	北海道日本ハム	65	181	44	2	15	2	11	50	.243
	通　算	65	181	44	2	15	2	11	50	.243

AWARD ／ ―

明瀬諒介

65

ルーキー »

RYOSUKE MYOSE

豪快なスイングが特徴のルーキーで、高校通算49本塁打をマーク。高校時代は投手もこなす身体能力の高さは誰もが認めるところ。高校時代に指導を受けた元プロ野球選手の佐々木誠監督のように、攻守ともに活躍できる選手を目指して突き進む。

PROFILE
■2005年8月25日(19歳)　■大阪府　■183cm・87kg　■右投右打
■鹿児島城西高→北海道日本ハム(ドラフト4位・24〜)

REGULAR SEASON

年度	所属球団	試合	打数	安打	本塁打	打点	盗塁	四死球	三振	打率
NO DATA										

AWARD ／ ―

濵田泰希

111

« ルーキー

TAIKI HAMADA

粗削りながらも長身を生かした豪快なバッティングが魅力の育成ルーキー。高校時代は外野を守ることが多かったが、プロでは大型ショートとしての期待が高まる。まずは、プロで戦える体力をつけ、将来的なクリーンアップ候補へ名乗りを上げられるよう鍛錬だ。

PROFILE
■2005年11月28日(19歳)　■兵庫県　■189cm・73kg　■右投右打
■京都国際高→北海道日本ハム(育成ドラフト1位・24〜)

REGULAR SEASON

年度	所属球団	試合	打数	安打	本塁打	打点	盗塁	四死球	三振	打率
NO DATA										

AWARD ／ ―

アンドリュー・スティーブンソン

ANDREW STEVENSON

6

新加入

マイナーリーグで通算183盗塁を記録する脚力とパンチ力を秘めた打撃が魅力の新助っ人。リードオフマン候補でもあり新庄剛志監督も「楽しみな選手がまた一人、加わってくれました」と期待を寄せる。日本の野球に順応し、チームの得点力アップに貢献したい。

PROFILE

- 1994年6月1日(30歳)　■アメリカ合衆国　■180cm・86kg　■左投左打
- ルイジアナ州立大→ナショナルズ(15〜22)→ツインズ(23)→北海道日本ハム(24〜)

REGULAR SEASON

年度	所属球団	試合	打数	安打	本塁打	打点	盗塁	四死球	三振	打率
	NO DATA									

AWARD ／ ―

松本 剛

GO MATSUMOTO

7

2年連続3割は逃したが、チームトップの打率をマークし、出場数もキャリアハイを更新。若いチームをけん引した。しかし、チームが2年連続最下位という結果には悔しさをにじませる。優勝の二文字をつかむため、今季もチームの先頭に立つ。

PROFILE

- 1993年8月11日(31歳)　■埼玉県　■180cm・81kg　■右投右打
- 帝京高→北海道日本ハム(ドラフト2位・12〜)

REGULAR SEASON

年度	所属球団	試合	打数	安打	本塁打	打点	盗塁	四死球	三振	打率
2021	北海道日本ハム	47	92	24	0	2	1	10	13	.261
2022	北海道日本ハム	117	395	137	3	44	21	36	42	.347
2023	北海道日本ハム	134	507	140	3	30	12	44	57	.276
	通　算	580	1700	475	13	131	48	134	220	.279

AWARD ／ ベストナイン(22)、首位打者(22)

OUTFIELDER

淺間大基

DAIKI ASAMA

8

昨季はオープン戦で骨折するアクシデントに見舞われた。シーズン中に復帰は果たしたが調子は上がらず、キャリアワーストタイの13試合出場に終わった。苦しい1年から復活をかける今季。万全な状態でアピールし外野の定位置を再び奪いたい。

PROFILE

- 1996年6月21日(28歳)　■東京都　■183cm・88kg　■右投左打
- 横浜高→北海道日本ハム(ドラフト3位・15〜)

REGULAR SEASON

年度	所属球団	試合	打数	安打	本塁打	打点	盗塁	四死球	三振	打率
2021	北海道日本ハム	128	411	103	5	31	8	36	115	.251
2022	北海道日本ハム	75	224	52	4	15	12	11	55	.232
2023	北海道日本ハム	13	36	8	0	4	0	1	10	.222
	通　算	419	1128	266	13	81	28	74	306	.236

AWARD ／ ―

宮崎一樹

KAZUKI MIYAZAKI

36

ルーキー

大学時代に才能を開花させたパワーヒッターで、侍ジャパンの大学代表としても活躍した実績を持つ。攻撃面ではパンチ力だけでなく確実性も高いバッティングと、50m5秒台をマークした俊足が光る。安定した守備も自慢で1年目からの活躍に期待だ。

PROFILE

■2001年8月30日（23歳）　■東京都　■184cm・84kg　■右投右打
■山梨学院高→山梨学院大→北海道日本ハム（ドラフト3位・24～）

REGULAR SEASON

年度	所属球団	試合	打数	安打	本塁打	打点	盗塁	四死球	三振	打率
	NO DATA									

AWARD ／ ―

江越大賀

TAIGA EGOSHI

37

新天地で迎えた昨季は、キャリア初の100試合出場を記録。打率は1割台と納得いく数字ではなかったが、2018年以来のホームランを放つなど、才能開花を印象づけた。安定した守備力は健在。あとはバッティングの確実性を上げてレギュラー定着を目指す。

PROFILE

■1993年3月12日（31歳）　■長崎県　■182cm・83kg　■右投右打
■長崎・海星高→駒澤大→阪神（ドラフト3位・15～22）→北海道日本ハム（23～）

REGULAR SEASON

年度	所属球団	試合	打数	安打	本塁打	打点	盗塁	四死球	三振	打率
2021	阪神	31	3	0	0	0	5	0	1	.000
2022	阪神	24	4	0	0	0	4	1	3	.000
2023	北海道日本ハム	100	150	27	5	13	9	13	77	.180
	通　算	434	594	111	18	51	32	51	265	.187

AWARD ／ ―

五十幡亮汰

RYOTA ISOBATA

50

昨季もケガに泣かされたが1軍で70試合に出場。盗塁もチームトップの17をマークした。自慢の脚力は誰もが認めるところ。最大の武器を生かすためには、バッティングを向上させ、出塁率を上げれば、レギュラー争いから抜け出す可能性は十分にある。

PROFILE

■1998年11月27日（26歳）　■埼玉県　■171cm・65kg　■右投左打
■佐野日大高→中央大→北海道日本ハム（ドラフト2位・21～）

REGULAR SEASON

年度	所属球団	試合	打数	安打	本塁打	打点	盗塁	四死球	三振	打率
2021	北海道日本ハム	27	80	18	1	5	9	2	19	.225
2022	北海道日本ハム	6	14	4	0	1	3	2	6	.286
2023	北海道日本ハム	70	193	44	0	6	17	6	50	.228
	通　算	103	287	66	1	12	29	10	75	.230

AWARD ／ ―

水谷 瞬

53

SHUN MIZUTANI

《 新加入

現役ドラフトで加入した身体能力の高いプロ6年目。これまで1軍出場は果たせていないが、順調な成長を見せている。昨季はファームで83試合に出場し、打率2割台半ばと及第点。攻守ともにさらなるレベルアップが見られれば、1軍定着も夢ではない。

PROFILE

■2001年3月9日(23歳)　■愛知県　■193cm・99kg　■右投右打
■石見智翠館高→福岡ソフトバンク(ドラフト5位・19〜23)→北海道日本ハム(24〜)

REGULAR SEASON

年度	所属球団	試合	打数	安打	本塁打	打点	盗塁	四死球	三振	打率
2021	福岡ソフトバンク	-	-	-	-	-	-	-	-	-
2022	福岡ソフトバンク	-	-	-	-	-	-	-	-	-
2023	福岡ソフトバンク	-	-	-	-	-	-	-	-	-
	通　算	-	-	-	-	-	-	-	-	-

AWARD ／ —

今川優馬

61

YUMA IMAGAWA

開幕直後にケガで離脱し、難しい調整が強いられたこともあり一昨年より1軍出場試合数を大きく減らしてしまった。それでもファームでは27試合で打率3割を記録と意地も見せた。より激しさを増した外野手争いに再び加わるためにも打撃アピールは必須だ。

PROFILE

■1997年1月25日(27歳)　■北海道　■177cm・86kg　■右投右打
■東海大四高→東海大北海道キャンパス→JFE東日本→北海道日本ハム(ドラフト6位・21〜)

REGULAR SEASON

年度	所属球団	試合	打数	安打	本塁打	打点	盗塁	四死球	三振	打率
2021	北海道日本ハム	13	28	2	1	2	0	2	9	.071
2022	北海道日本ハム	94	273	62	10	39	4	26	70	.227
2023	北海道日本ハム	28	61	12	0	1	3	8	17	.197
	通　算	135	362	76	11	42	7	36	96	.210

AWARD ／ —

万波中正

66

CHUSEI MANNAMI

プロ5年目の昨季は大ブレイク。本塁打王にはあと一歩届かなかったが、打撃主要3部門でキャリアハイを記録し、ベストナイン、ゴールデングラブ賞も受賞した。誰からも信頼される存在になるには継続あるのみ。今季も強肩強打でチームを勝利に導く。

PROFILE

■2000年4月7日(24歳)　■東京都　■192cm・99kg　■右投右打
■横浜高→北海道日本ハム(ドラフト4位・19〜)

REGULAR SEASON

年度	所属球団	試合	打数	安打	本塁打	打点	盗塁	四死球	三振	打率
2021	北海道日本ハム	49	126	25	5	13	0	6	53	.198
2022	北海道日本ハム	100	296	60	14	40	0	14	112	.203
2023	北海道日本ハム	141	533	141	25	74	2	45	138	.265
	通　算	292	959	226	44	127	2	65	305	.236

AWARD ／ ベストナイン(23)、ゴールデングラブ賞(23)

OUTFIELDER

星野ひので

68

《ルーキー

HINODE HOSHINO

走攻守三拍子そろった高卒ルーキー。高校時代に全国大会の出場経験はないが、地方大会で持ち前の強打をアピールしていた。バッティング、守備、走塁ともに伸びしろは十分。まずはプロで戦える体力を蓄え、攻守にわたってレベルアップを目指す。

PROFILE

■2005年4月18日(19歳)　■群馬県　■182cm・84kg　■右投右打
■前橋工高→北海道日本ハム(ドラフト5位・24〜)

REGULAR SEASON

年度	所属球団	試合	打数	安打	本塁打	打点	盗塁	四死球	三振	打率
	NO DATA									

AWARD ／ —

フランミル・レイエス

99

新加入》

FRANMIL REYES

メジャーでは昨季19試合出場に終わったが、2度30本塁打を記録しているパワフルドミニカン。指揮官は三振率の高さを不安視するが、「コツをつかめば三振は減る」と期待を寄せる。昨季リーグ5位だった総得点アップに欠かせないパーツとして注目だ。

PROFILE

■1995年7月7日(29歳)　■ドミニカ共和国　■196cm・120kg　■右投右打
■リセオ・アリーロ・パウリーノ高→パドレス(12〜19途)→インディアンズ(19途〜21)→ガーディアンズ(22〜22途)→カブス(22途)→ナショナルズ(23〜23途)→ロイヤルズ(23途)→北海道日本ハム(24〜)

REGULAR SEASON

年度	所属球団	試合	打数	安打	本塁打	打点	盗塁	四死球	三振	打率
	NO DATA									

AWARD ／ —

平田大樹

112

《ルーキー

DAIJU HIRATA

遠投115mの強肩に、パンチ力ある打撃、50m5秒台の俊足が光る育成ドラ2。まだまだ線の細さはあるものの、じっくりと鍛え上げれば、近い将来1軍で活躍できるはずだ。本人も「時間をかけてステップアップしたい」と語るだけに、数年後の飛躍に期待。

PROFILE

■2005年8月25日(19歳)　■滋賀県　■181cm・70kg　■右投左打
■瀬田工高→北海道日本ハム(育成ドラフト2位・24〜)

REGULAR SEASON

年度	所属球団	試合	打数	安打	本塁打	打点	盗塁	四死球	三振	打率
	NO DATA									

AWARD ／ —

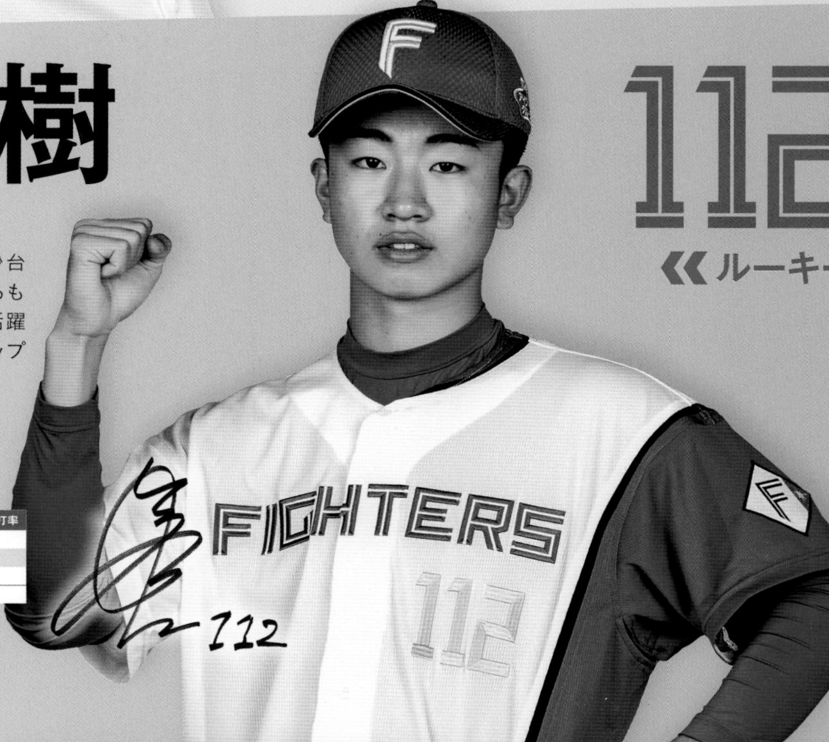

阿部和広 124

KAZUHIRO ABE

ファームでチームトップの13盗塁を記録。自慢の脚力で大きくアピールしたが、打撃面では打率1割台と課題克服とはいかなかった。それでも、この2年で大きな経験を積んでいるのは確か。あとはきっかけをつかんで、悲願の支配下入りを成し遂げたい。

PROFILE

■2003年5月12日(21歳)　■神奈川県　■170cm・66kg　■右投両打
■平塚学園高→北海道日本ハム(育成ドラフト4位・22～)

REGULAR SEASON

年度	所属球団	試合	打数	安打	本塁打	打点	盗塁	四死球	三振	打率
2021	――――	-	-	-	-	-	-	-	-	-
2022	北海道日本ハム	-	-	-	-	-	-	-	-	-
2023	北海道日本ハム	-	-	-	-	-	-	-	-	-
	通　算	-	-	-	-	-	-	-	-	-

AWARD／ —

125 藤田大清

TAISEI FUJITA

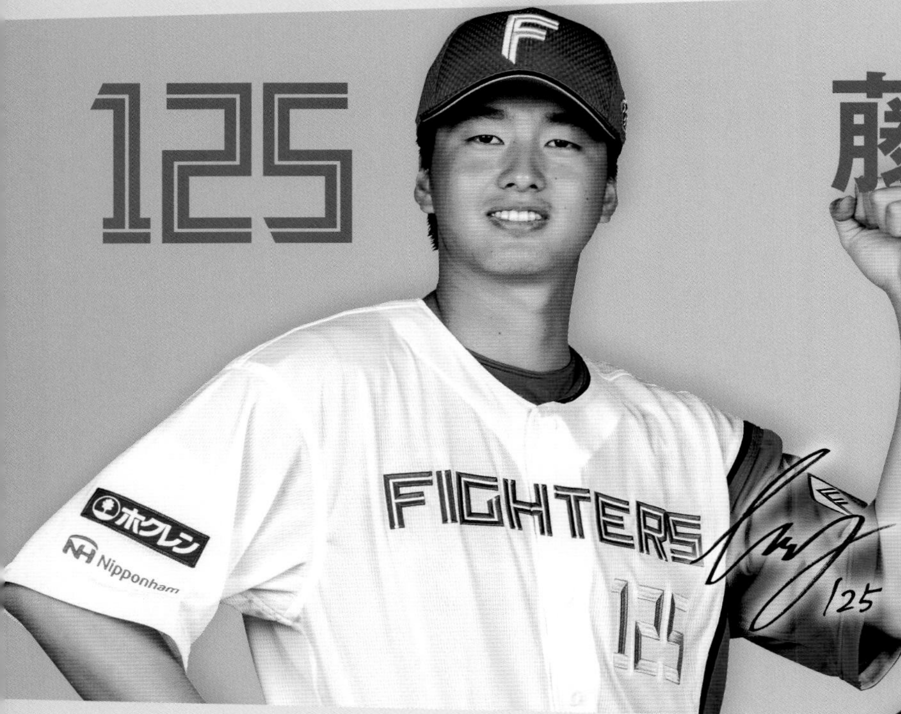

ルーキーイヤーは腰痛の影響もあり、プロで戦える体力づくりに専念。それでも自身の体をもう一度見つめ直す時間ができたのは大きかったはず。練習の強度も徐々に上がっているだけに、今季はファームで実戦デビューを果たし、支配下へアピールだ。

PROFILE

■2004年8月23日(20歳)　■東京都　■187cm・82kg　■右投左打
■花咲徳栄高→北海道日本ハム(育成ドラフト1位・23～)

REGULAR SEASON

年度	所属球団	試合	打数	安打	本塁打	打点	盗塁	四死球	三振	打率
2021	――――	-	-	-	-	-	-	-	-	-
2022	――――	-	-	-	-	-	-	-	-	-
2023	北海道日本ハム	-	-	-	-	-	-	-	-	-
	通　算	-	-	-	-	-	-	-	-	-

AWARD／ —

山口アタル 127

ATARU YAMAGUCHI

ファームで36試合に出場し2本塁打。しかし7月に左ひざを手術し、その後はリハビリに励んだ。身体能力の高さは昨季の実戦で証明。あとは1年間戦えるコンディションづくりが課題となる。今季は焦ることなく体をつくり、早期に実戦復帰を果たしたい。

PROFILE

■1999年5月28日(25歳)　■カナダ　■179cm・89kg　■右投右打
■カナダ・ブリタニア高→コルビーコミュニティカレッジ→テキサス大タイラー校(中退)→北海道日本ハム(育成ドラフト3位・23～)

REGULAR SEASON

年度	所属球団	試合	打数	安打	本塁打	打点	盗塁	四死球	三振	打率
2021	――――	-	-	-	-	-	-	-	-	-
2022	――――	-	-	-	-	-	-	-	-	-
2023	北海道日本ハム	-	-	-	-	-	-	-	-	-
	通　算	-	-	-	-	-	-	-	-	-

AWARD／ —

HOKKAIDO NIPPONHAM FIGHTERS

TEAM STAFF

チームスタッフ

パフォーマンスコーディネーター
HIROKAZU TAKAHASHI
高橋 広和

トレーナー（リーダー）
TAKAFUMI ADACHI
安立 貴史

トレーナー
YOSHIHIRO FUKUSHIMA
福島 芳宏

トレーナー
TADAYUKI FURUYA
古屋 忠幸

トレーナー
YOSHIMI ISHIGURO
石黒 好光

トレーナー
SATOSHI NAKAMURA
中村 聡史

トレーナー
TAKASHI DOHI
土肥 崇嗣

トレーナー
TAKAHIRO OGATA
緒方 隆裕

トレーナー
TAKASHI ASHIMURA
芦村 尚

トレーナー
YUICHI TAKIZAWA
滝澤 祐一

トレーナー
MASAYA NAGAI
長井 正哉

トレーナー
KAZUYA WATANABE
渡邉 和也

S&C（リーダー）
RYUSUKE SERIZAWA
芹澤 隆介

S&C
TAKEHIRO KONNO
今野 壮大

S&C
TAKUMU KOYAMADA
小山田 拓夢

S&C
HIROMU MIYASHITA
宮下 大夢

チームスタッフ
SATOSHI YANO
矢野 諭

チームスタッフ
YUYA ISHII
石井 裕也

チームスタッフ
TAKEHIKO OSHIMOTO
押本 健彦

チームスタッフ
SHUN TAKAICHI
高市 俊

チームスタッフ
KEISUKE TANIMOTO
谷元 圭介

チームスタッフ
YUTA KAMIJO
上條 優太

チームスタッフ
MASAKI AOYAGI
青柳 正輝

チームスタッフ
EISUKE ITOH
伊藤 栄祐

チームスタッフ
RYOTA HASEGAWA
長谷川 凌汰

通訳兼チームスタッフ
LIN TING YI
林 庭逸

チームスタッフ
KENTO MEGUMI
恵 健透

チームスタッフ
HODAKA USUKI
薄 保鷹

チームスタッフ
RYUICHI WATANABE
渡部 龍一

チームスタッフ兼スコアラー補佐
YUSUKE UEMURA
植村 祐介

チームスタッフ
YUJI KAJIWARA
梶原 有司

ファームサブマネージャー兼チームスタッフ
YOSHITO TAKEBE
武部 義人

チームスタッフ札幌屋内練習場担当
MITSUHISA NAKAYAMA
中山 光久

ファイターズを

MIRU

ファイターズ公式動画配信サービス「ファイターズMIRU」
ここでしか観られないファイターズオリジナル動画が見放題!

ファイターズMIRUの楽しみ方

臨場感あふれるLIVE配信

試合中はブルペンとベンチの様子をLIVE配信。息遣いまで聞こえてきそうな距離からお届けします！
また試合前の練習やキャンプ中継など、試合に臨む選手たちの姿も必見です！

年間600本以上の動画を配信！

充実のオリジナル動画

選手たちの素顔が見られる企画動画が満載！ また熱気が漂う試合後のバックヤードやオフシーズンのイベントなど
余すことなくカメラが密着し、選手たちの様子をお届けしています！

マルチデバイスに対応

パソコンやスマートフォン、タブレットなどさまざまな端末でお楽しみいただけます。見逃したLIVE配信もお好きな時間にアーカイブ動画としてご覧いただけます！

詳しくはこちら!
無料動画も公開中!

FAVメンバーなら

お得に視聴!!

Fマイルが貯まる!! 決済金額の1%
(100円につき1Fマイル)

FAVメンバー
月額 **2,000円**(税込)
年間6,000円お得！

一般会員
月額 **2,500円**(税込)

※有料サービスのお申し込みから30日間お楽しみいただけます
※有料サービスのお申し込みから26日目に翌月30日分の月額費用が自動決済されます

ファイターズグッズでもっと観戦を楽しもう!!

エスコンフィールド HOKKAIDO 内、札幌駅前にてファイターズオフィシャルストア営業中!!

1F FIELD LEVEL 1塁側

AMUSEMENT STORE RENEWAL OPEN

2024 シーズン、アミューズメントストアが
新たに豊富なコンテンツを用意して、生まれ変わる!!

まずは定番アイテムから!!

**応援のマストアイテム!!
レプリカユニ&キャップ**

新商品続々登場!!

**自分だけのオリジナルベアが作れる
『ハピモコ』がファミリーストアに登場!!**

世界にひとつだけのオリジナルテディベアを
自分で綿をつめてカスタマイズできる体験型サービス、
『HAPPY! moco-moco FACTORY™』が
ファミリーストアにオープン!!

オフィシャルオンラインストアにて限定アイテムや先行販売アイテム販売中!

オフィシャルオンラインストア
store.fighters.co.jp

公式グッズ X
@fighters_goods

公式グッズ Instagram
@fighters_goods

FAV
FIGHTERS OFFICIAL FANCLUB
ファイターズオフィシャルファンクラブFAV
2024年新規入会受付中!
詳細・入会はこちら
お得な特典がいっぱい!!
年会費 3,900円
《入会特典一覧》
チケット先行販売
Pre-sale
2024オールスターゲーム
FAV限定優先販売
FAV限定イベント
FAV限定
来場プレゼント
ビジター球場でも!
千葉から #lovefighters
2000円分の
チケット割引クーポン
¥500OFF
×4
Fマイル付与率UP
チケット・グッズ購入時
1%のところ
3%
小学生以下限定
指定席招待券
指定席
招待券
×5
ファイターズMIRU等が
会員限定価格
MIRU
PERSOL
パ・リーグTV
FIGHTERS BASEBALL
FIGHTERS
お好きな入会特典に加えてプレミアム特典も選べる!!
ここでしか手に入らない入会特典

ファイターズマスコット

どんなときもファンの心に寄り添い続けるファイターズのマスコット。たとえさまざまな逆境に遭遇しても、NPBマスコット随一のクオリティを目指して、今シーズンもチーム一丸、全力でファンサービスとパフォーマンスに臨みます！

ハロウィンの特別衣装を着たよ！みんなも仮装してきてくれて嬉しかった！

F FESでは4人集合でダンスなど披露！

エスコンフィールドのテラスでのんびり。風がきもちいいね。

エスコンフィールドのグラウンドで初めて撮影した写真！

試合前にポリーのダンス教室でみんなと体を動かしたよ☆

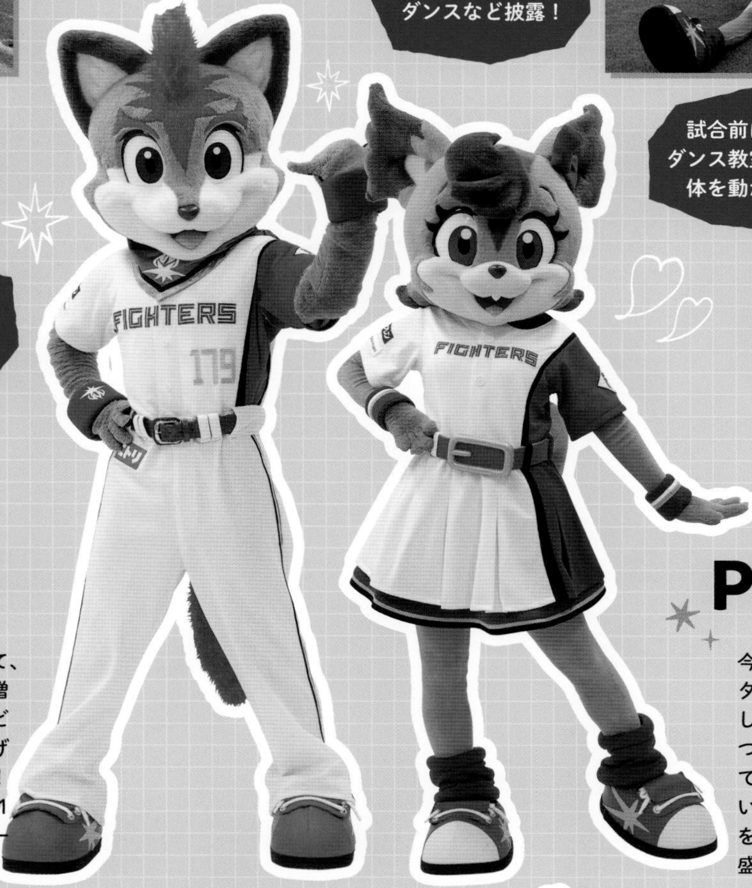

フレップ インスタグラム

FREP THE FOX

フレップ・ザ・フォックス

今年はアクロバットに磨きをかけて、お客さんとのふれあいもたくさん増やしていきたいです！ 2024年はFビレッジ・北広島市をさらに盛り上げていくからみんな期待していてね！そして今年はエスコンフィールド1周年ユニフォームを着て俺たちと一緒にファイターズを応援しよう！

ポリー プロフィール

POLLY POLARIS

ポリーポラリス

今年もみんなと一緒にファイターズを応援したり、ダンスをしたりたくさん楽しい思い出をつくっていきたいと楽しみにしています！ 得意の元気いっぱいなダンスで、ファンの皆さんを笑顔にして、ファイターズを盛り上げていくよ！

B・Bプロデュースの Fビレッジ＆応援大使市町村ツアー

スポーツキャラバンの野球教室にて

地域PRブースにも顔を出しています！

SC活動「ゆきのね奨楽金」で得意のスキーも披露

SC活動「FOOTSTEP FUND」で名寄市の皆さんと交流

B・Bブログ

B・B

B・B

さまざまな地域活動やSC活動等で道内を駆け回ってきましたが、昨季から球場コンコースの地域PRブースに出演する機会も加わり、試合の際久々にB・Bと再会を果たした方も多いかと思います。長い間築いてきたファンの皆さんとの絆を何よりも大切にする、ブレない姿勢がB・Bの最大の魅力。2024年度からは地域活動「The HOME」も再開し、また新たな可能性を求めてさまざまな活動に挑戦していきます。

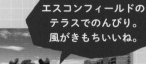

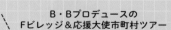

FIGHTERS GIRL

ファイターズガール
公式Instagram

ファイターズガールは、パフォーマンスを通して球場を盛り上げ、応援することはもちろん、北海道のたくさんの街へ訪問し、地域の皆さまとの交流を大切に、ファン・地域社会とファイターズをつなぐ架け橋を目指して活動しているオフィシャルチアチームです。北海道に感動と元気を届け、皆さまにたくさんの夢を与えられるよう今シーズンも明るく元気なパフォーマンスでファイターズの応援を盛り上げます。

【プロフィールの見方】在籍年数／誕生日／出身地

上山《かみやま》 真奈《まな》

2年目／2月8日／
北海道札幌市

ころころと変わる表情にご注目ください。ファンの皆さまと一緒に、最高のシーズンを過ごしたいと思います！

サブキャプテン

大野《おおの》 未侑《みゆ》

3年目／8月28日／
北海道札幌市

ファンの皆さまの思い出に残るようなシーズンをつくり上げていきたいです。日本一目指して一緒に「大航海」の旅へ出かけましょう！

上村《うえむら》 優菜《ゆうな》

2年目／11月3日／
北海道札幌市

リアクションの大きさとパワフルボイスが特徴です。今シーズンも、同じ船に乗る仲間として、ともに光り輝く地（優勝）を目指しましょう！

塩澤《しおざわ》 美咲《みさき》

3年目／1月29日／
北海道江別市

どんな試合でも素敵な思い出として持ち帰っていただけるようなパフォーマンスをお届けします。試合やスタジアムツアーでお待ちしています！

駒野《こまの》 稀子《まこ》

1年目／11月6日／
宮城県

穏やかな雰囲気とパワフルダンスのギャップにご注目ください。日本一長い「大航海」へ！ チアフルなパフォーマンスでファイターズ・北海道を盛り上げます！

工藤《くどう》 心優《みゆう》

1年目／9月25日／
神奈川県

笑顔とキレのあるダンスをお届けします。感謝の気持ちを忘れず、一人でも多くの方に元気や笑顔をお届けできるよう精一杯頑張ります！

鈴木《すずき》 穂乃花《ほのか》

2年目／12月16日／
北海道札幌市

もちもちのほっぺたがチャームポイントです。私たちのパフォーマンスで、北海道を熱く盛り上げ、元気・勇気・笑顔を届けられるように頑張ります！

鈴木《すずき》 志織《しおり》

1年目／12月31日／
愛知県

キラキラの笑顔と全力ダンス、チア愛は誰にも負けません。ファイターズの勝利へ向けて、一緒に駆け抜けましょう！

志堅原《しけんはら》 花音《かのん》

2年目／4月2日／
兵庫県

とびきりの笑顔や大人っぽい表情で魅了します！ ファイターズの勝利に貢献できるようなパフォーマンスをお届けします。私のダンスと表情にご注目ください。

田中《たなか》 杏奈《あんな》

3年目／10月10日／
北海道札幌市

全力応援と杏奈スマイルをお届けします。日本一目指して、最後まで一緒にファイターズを全力応援しましょう！

サブキャプテン

竹市《たけいち》 琴美《ことみ》

2年目／10月21日／
北海道芽室町

はじける笑顔とサラサラな髪にご注目ください！ どんな時も明るく笑顔で、ファンの皆さまに勇気・元気・希望を与えられるような存在になりたいです。

高野《たかの》 実《みのり》

3年目／5月29日／
北海道苫小牧市

常に全力なパフォーマンスをお届けします。エスコンフィールドで、ファイターズが日本一になる瞬間を一緒に見ましょう！

新井田《にいだ》 愛理《あいり》

1年目／8月19日／
北海道札幌市

真ん丸な顔と、笑ったらなくなる目と、豊か過ぎる表情がチャームポイントです。誰にも負けない明るさと元気で、たくさんの方を笑顔にします！

千葉《ちば》 しずく

1年目／10月10日／
北海道札幌市

100万ドルの笑顔と長い首にご注目ください。私たちと一緒に優勝を目指して全力でプロ野球を楽しみましょう！

田中《たなか》 心優《しゆう》

2年目／2月17日／
北海道北広島市

ほんわかした雰囲気と踊ったときのギャップにご注目ください。ファイターズが日本一になれるように、全力応援で頑張ります！

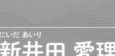

長谷川《はせがわ》 陽花《はるか》

1年目／10月9日／北海道北斗市

親しみやすさがアピールポイントです。ファイターズ日本一を目指して、私たちと一緒に最高なシーズンにしましょう！

橋本《はしもと》 莉々花《りりか》

2年目／11月1日／北海道札幌市

2024シーズンもファンの皆さまとファイターズを応援できることがとてもうれしいです。全力のパフォーマンスをお届けします！

キャプテン

西崎《にしざき》 光《ひかる》

7年目／4月20日／北海道旭川市

正確でキレのあるダンスにご注目ください。ファンの皆さまが楽しめるパフォーマンスをお届けできるよう、24名心を一つに活動して参ります。

水落《みずおち》 桜子《さくらこ》

1年目／3月26日／北海道羅臼町

双子の元気パワーで球場・北海道を盛り上げます。球場に来てくださった皆さま、たくさんのファイターズファンの皆さまとお会いできるのを楽しみにしています。

原藤《はらふじ》 由衣《ゆい》

1年目／9月3日／北海道旭川市

よく通る声とフレンドリーさがアピールポイントです。常に笑顔を絶やさず、パワフルなパフォーマンスをお届けします。

初田《はつだ》 美優《みゆう》

1年目／12月20日／石川県

トーク力に自信があります。ダンス経験はないですが、迫力あるパフォーマンスをお見せできるように、また道内外の方にも親しんでもらえるよう精一杯頑張ります！

山口《やまぐち》 瑠伽《るか》

1年目／10月12日／北海道札幌市

野球愛！ 高校・大学で野球部マネージャーをしていました。ファンの皆さまと2016年のあの感動をもう一度！ 今年こそ！

南橋《みなみはし》 りお《りお》

1年目／2月27日／北海道札幌市

メンバーの中では妹的な存在です。ファイターズが日本一になれるよう、球場だけでなく北海道全体を熱く盛り上げていきます！

水落《みずおち》 桃子《ももこ》

1年目／3月26日／北海道羅臼町

全開SMILEと溢れるパワーで北海道を元気にします。ファンの皆さまと一緒に、ファイターズ日本一を目指して全力応援をしていきます！

北海道応援大使プロジェクト 2024

北海道日本ハムファイターズが北海道１７９市町村を全力で応援！
ファイターズナイン全員があなたの街をPRいたします！

「北海道応援大使プロジェクト」とは

北海道日本ハムファイターズでは、2022年まで行っていた「北海道179市町村応援大使」をリニューアルし、2023年から新たに「北海道応援大使プロジェクト」として今後10年間にわたる新たな事業を展開しております。各振興局・地域と連携を図り、ファイターズと北海道がより近い存在になり、より北海道の活性化につながるよう、ファイターズナイン全員で、あなたの街をPRいたします。

「なまらうまいっしょ!グルメフェア」

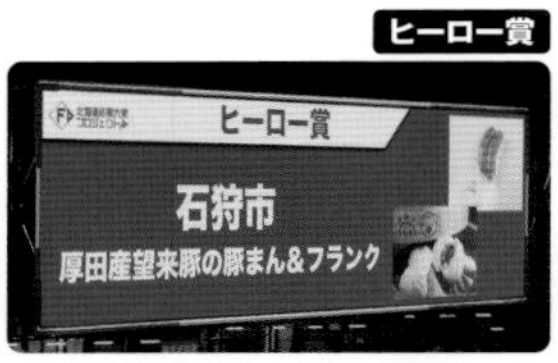

ヒーロー賞

選手学校訪問

選手交流会

B・B周遊ツアー

2024年は「十勝総合振興局19市町村」で実施

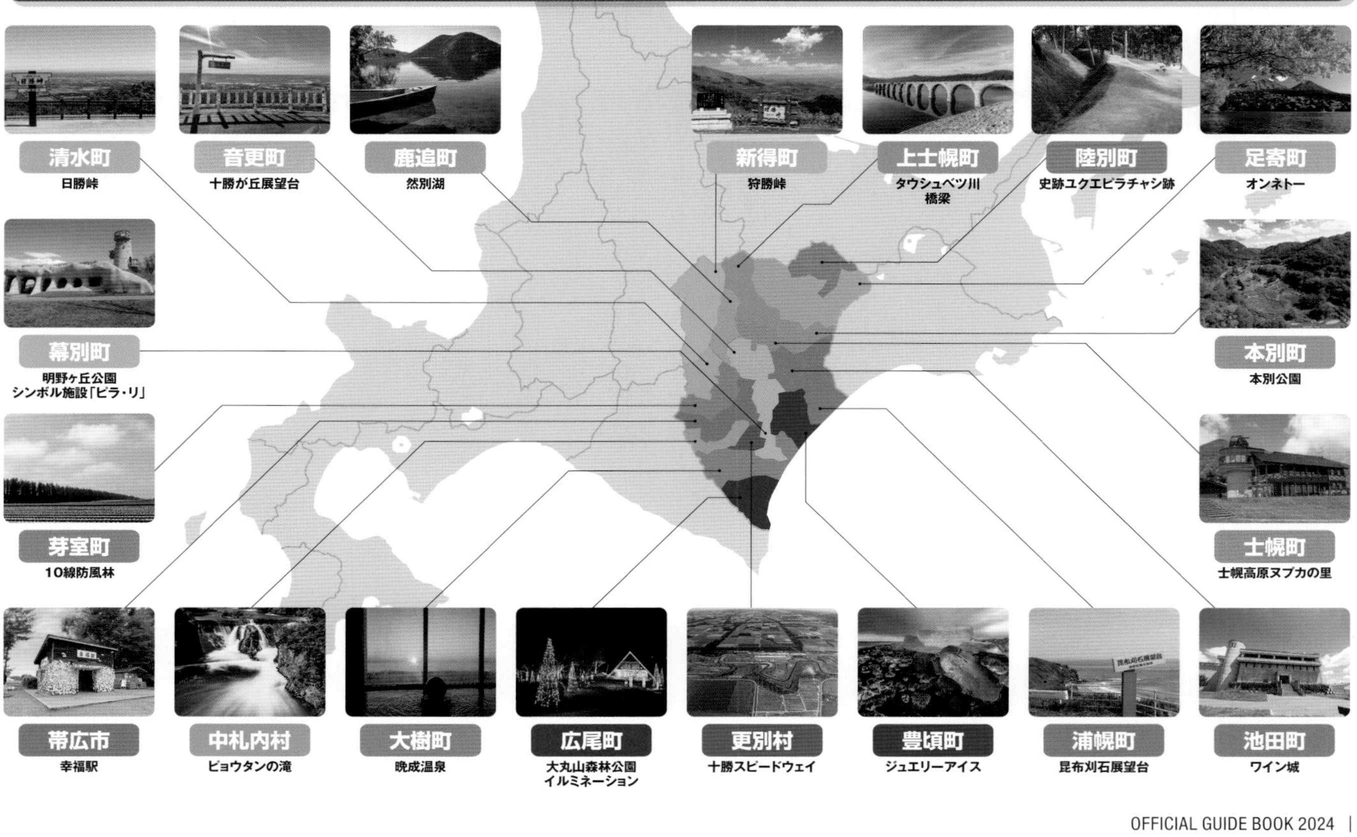

BASEBALL ACADEMY

ベースボールアカデミー紹介

夢を実現した元プロ野球選手が、野球技術はもちろん、夢を持った挑戦、自分の目標へ一生懸命に向かう姿勢、人との触れ合いの大切さなど、それぞれの経験をもとに子どもたちに伝えています。

コーチ紹介

須永《すなが》 英輝《ひでき》
コーチ

市川《いちかわ》 卓《すぐる》
コーチ

浅沼《あさぬま》 寿紀《としのり》
コーチ

吉田《よしだ》 侑樹《ゆうき》
コーチ

大日向《おおひなた》 純《じゅん》
トレーニングコーチ

村田《むらた》 和哉《かずや》
コーチ

大塚《おおつか》 豊《ゆたか》
コーチ

谷口《たにぐち》 雄也《ゆうや》
コーチ

牧谷《まきたに》 宇佐美《うさみ》
コーチ

主な活動内容

野球教室

コーチ陣が全国各地に赴き、チームや地域単位で野球教室を開いています。毎年道内外合わせて80回程度を開催し、キャッチボールなどの基本から走・攻・守の専門技術まで熱のこもった指導を行います。

スクール

未就学児（年中）から中学3年生までを対象にコースを設定。野球経験・性別は問わず、野球の技術向上に必要な体力や運動スキルの向上を図りながら取り組んでいます。

キャンプ

全国の小学3年生から小学6年生を対象に、北海道内の市町村でキャンプを実施しています。他チームの選手と交流を深めながら、互いに技術を高め合います。最終日に紅白戦を行い、練習の成果を確認します。

DANCE ACADEMY

ダンスアカデミー紹介

2009年に発足。ファイターズガールとして活躍したインストラクターを中心に、未就学児から成人まで幅広い年齢層の女性を対象にクラスを開講しています。

ベーシックコース（未就学児～成人）

ダンスの基本を身につけ発表会で成果を披露します。

アドバンスコース（小学5年生以上）

ベーシックコースで学んだ技術をさらに磨き、より魅せるパフォーマンスを目指します。

PHYSICAL ACADEMY

フィジカルアカデミー紹介

“走る・投げる・跳ぶ・掴む・打つ”といったさまざまなスポーツの基礎となる運動能力を多彩なプログラムを通して楽しく身につけることができます！ 2024年度からは3歳から参加できます。

開校クラス

U6：運動遊び　U8・U10：体力・運動能力向上
U12：体力・運動能力強化

開校場所

● 札幌中央校　● 札幌白石校　● 北広島校

TICKET INFORMATION

ES CON FIELD HOKKAIDO SEAT MAP

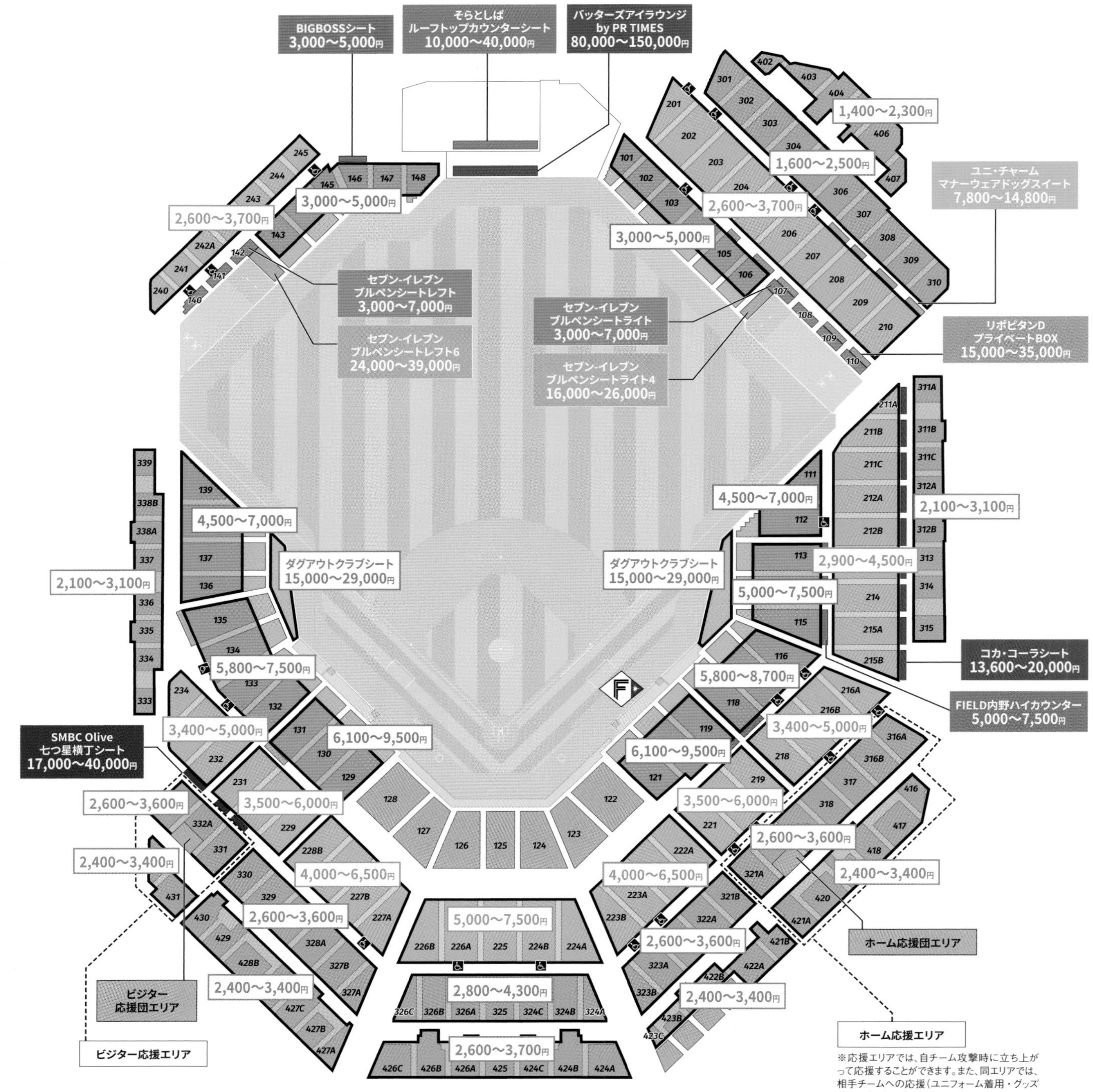

※応援エリアでは、自チーム攻撃時に立ち上がって応援することができます。また、同エリアでは、相手チームへの応援（ユニフォーム着用・グッズ使用を含む）をご遠慮いただきます
※ホーム応援エリア、ビジター応援エリアの範囲は変更となる場合がございます。また、応援団エリアは変更となる場合がございます

※各試合の価格詳細につきましては、Fチケ及び各販売窓口にてご確認ください。また、価格は変更となる場合がございます
※MAIN・STAR LEVELのスタンド席はこども価格がございます（おとな価格の半額～下限1,000円）
※こどもは4歳から小学6年生までが対象です。4歳未満でも座席をご利用になる場合はチケットが必要です
※上図に掲載していないエリアを販売する可能性がございます
※駐車券の販売概要は球団公式サイトをご確認ください

車いす席（FIELD LEVEL） 2,600～3,500円
車いす席（MAIN LEVEL） 2,100～3,000円
※同伴者も車いす席チケットの購入が必要です

ご購入は Fチケ

エスコンフィールド入場券の販売について

エスコンフィールドでは、ファイターズ主催試合開催時に球場へご入場いただける「エスコンフィールド入場券」を販売いたします。
球場内でしか食べることができないグルメや、様々な施設などをお気軽にお楽しみいただけます。

※お座席でのご観戦をご希望の場合は、指定席の観戦チケットをお買い求めください
※スタジアム内にはフィールドを臨む立ち見可能なエリアがございますが、スペースに限りがあるため、エスコンフィールド入場券ご利用の方に、立ち見観戦をお約束するものではございません。
※前売券の販売は土日祝試合のみとなります
※一般開場30分以降、リポビタンGATEからのみご入場いただけます
※来場プレゼント対象外です
※小学生以下のお子様は入場券を無料でお引換えいただけます

詳細はこちら

グループチケットでは、エスコンフィールドでの試合観戦や、ファイターズガールの解説付きで見学できるスタジアムツアーをお楽しみいただけます。さらに、ボールパークプロジェクトの概要や、元プロ野球選手の経験を学びとしてお伝えする講話や8種類からお選びいただけるお弁当もご用意しております。ご友人同士はもちろん、学校や企業などでの教育や研修においてもぜひご活用ください！

2024シーズン 全試合受付中！

お申し込みは
こちら

ファイターズ 公式 リセールサービス

謎の二刀流キャラクター「DJチャス。」が語る

今年の鎌スタはここが違う！

コロナ禍も明け、未来を見据えて再び多くの子どもたちが集う場所へと舵を切り始めた鎌ケ谷スタジアム（通称：鎌スタ）。2024年の見どころを独自の視点から謎の二刀流キャラクター「DJチャス。」が紹介します。

子ども料金の完全無償化!

「未来ある子どもたちに鎌スタへたくさん足を運んでほしい」という願いから2024年度の鎌スタは、小学生以下の子ども料金を完全に無償化いたします。指定席も自由席も、立ち見だって、逆立ち見だって……あれ？ 受付は試合当日のみの扱いとなります。鎌スタへお越しになったらまずチケット売場へＧＯ！

※ファイターズ鎌ケ谷スタジアムで開催されるイースタン・リーグ公式戦のみが対象となり、北海道内や茨城での開催試合は対象外となります

鎌スタにキッズエリアが登場

鎌スタの新名所として1塁側ファールエリアに「鎌スタ☆キッズエリア」が登場するぞ！ ふかふかの人工芝に、親子連れの小学生以下のお子さまの利用が対象。さらには授乳室、オムツ替えのスペースなどを充実させる予定で、まさに今年の鎌スタはお子さま連れで賑わうこと間違いなし！？

C・B

カビー

2006年、ファーム専属のマスコットとしてファイターズ鎌ケ谷スタジアムに登場したB・Bの歳の離れた弟。試合時にはファンと一丸となって応援を行い愛らしいしぐさでファンを魅了し、とりこにしています！

出身地………… 鎌ケ谷スタジアム
誕生日………… 海の日
好きな食べ物… おにぎり
特技…………… いたずら
苦手なもの…… 運動

かまがやから
つぶやきます♪

カビー公式X

道内の地方開催試合（ファーム）を楽しもう!

昨年に引き続き、今年も北海道内の各地でファームの試合を開催。2024年は5月に函館、エスコンフィールド、7月は釧路、帯広と道南、道央、道東へと、この「DJチャス。」が「C・B（カビー）」を連れて、開催地の皆さまの下へ訪れます。何、必要ない？ まあ、今年は何より稲葉篤紀ファーム監督となってからの初年度ですからね。監督の次でいいので「チャス＆カビー」もどうぞよろしく！

■2024年度ファーム道内試合日程

日付	対戦相手	試合開始時間	会場	開場時間
5月25日（土）	vs.読売	12:30	函館	11:00
5月26日（日）	vs.読売	13:00	エスコン	11:00
7月6日（土）	vs.東北楽天	12:30	釧路	11:00
7月7日（日）	vs.東北楽天	12:00	帯広	10:30

※函館＝オーシャンスタジアム　※エスコン＝エスコンフィールドHOKKAIDO
※釧路＝ウインドヒルひがし北海道スタジアム　※帯広＝帯広の森野球場

昨年の開催風景

釧路ではファーム選手たちによる
野球教室を開催

帯広での試合終了後は、
ファンと若手選手たちの
貴重なふれあいタイムに！

エスコンフィールドでは
「DJチャス。のお悩み相談室」を実施

道内では
「燃える男の赤いトラクター」が爆走

ファンによる
ヒーローインタビュー

みんなでやろうラジオ体操！

初のエスコンフィールドで
ファイターズガールと記念撮影

選手たちへ
激励のメッセージを書き込もう

茨城シリーズ2024

ファイターズと茨城県南西７市連携協議会「スポーツによる地域創生産学官連携プラットフォーム」とのパートナー協定に基づく北海道茨城県プロジェクトの一環として「茨城シリーズ2024」を今年も実施。

■2024年度茨城開催試合

日付	対戦相手	試合開始時間	会場	開場時間
9月7日（土）	vs.読売	13:00	牛久	11:30
9月8日（日）	vs.読売	13:00	龍ケ崎	11:30

※牛久＝牛久運動公園野球場　※龍ケ崎＝TOKIWAスタジアム龍ケ崎

イースタン・リーグ公式戦
2024年試合日程

3 MARCH

MON	TUE	WED	THU	FRI	SAT	SUN
				1 13:00 エスコン 教育リーグ	2 11:00 エスコン 教育リーグ	3
4	5	6 13:00 鎌スタ 一軍オープン戦 12:30 横須賀 教育リーグ	7 13:00 鎌スタ 一軍オープン戦	8	9 12:30 カーミニーク 教育リーグ	10 12:30 鎌スタ 教育リーグ
11	12 12:30 ジャイアンツ 教育リーグ	13 12:30 鎌スタ 教育リーグ	14	15	16 13:00 カーミニーク	17 13:00 ベルーナドーム
18	19	20 13:00 鎌スタ	21 13:00 鎌スタ	22 13:00 鎌スタ	23 13:00 鎌スタ	24 13:00 鎌スタ
25	26 13:00 森林どり泉	27 13:00 森林どり泉	28 13:00 森林どり泉	29 13:30 鎌スタ	30 13:00 鎌スタ	31 13:00 鎌スタ

[3・4月チケット発売日　対象試合：3/10(日)～4/8(月)]

FAVランク5	FAVランク4	FAVランク3	FAVランク1・2	一般
2/21(水)	2/22(木)	2/23(金)	2/24(土)	2/25(日)

4 APRIL

MON	TUE	WED	THU	FRI	SAT	SUN
1	2 13:00 横須賀	3 13:00 横須賀	4 13:00 横須賀	5	6 13:00 鎌スタ	7 13:00 鎌スタ
8 13:00 鎌スタ	9	10	11	12 18:00 ハードオフ新潟	13 18:30 ハードオフ新潟	14 13:00 ハードオフ新潟
15	16 13:00 ジャイアンツ	17 13:00 ジャイアンツ	18 13:00 ジャイアンツ	19 13:00 鎌スタ	20 13:00 鎌スタ	21 12:30 鎌スタ
22	23 13:00 鎌スタ	24 13:00 鎌スタ	25 13:00 鎌スタ	26	27 12:30 戸田	28 12:30 戸田
29 12:30 戸田	30 13:00 ロッテ					

[4・5月チケット発売日　対象試合：4/19(金)～5/8(水)]

FAVランク5	FAVランク4	FAVランク3	FAVランク1・2	一般
3/20(水)	3/21(木)	3/22(金)	3/23(土)	3/24(日)

5 MAY

MON	TUE	WED	THU	FRI	SAT	SUN
		1	2 18:00 ZOZOマリン	3 13:30 鎌スタ	4 13:00 鎌スタ	5 13:00 鎌スタ
6 13:00 鎌スタ	7 13:00 鎌スタ	8 13:00 鎌スタ	9	10 18:00 ハードオフ新潟	11 18:30 ハードオフ新潟	12 13:00 ハードオフ新潟
13	14 13:00 横須賀	15 13:00 横須賀	16	17 13:30 鎌スタ	18 13:00 鎌スタ	19 13:00 鎌スタ
20	21 13:00 ロッテ	22 13:00 ロッテ	23	24	25 12:30 函館	26 13:00 エスコン
27	28 13:00 カーミニーク	29 13:00 カーミニーク	30	31 13:00 森林どり泉		

[5・6月チケット発売日　対象試合：5/17(金)～6/13(木)]

FAVランク5	FAVランク4	FAVランク3	FAVランク1・2	一般
4/17(水)	4/18(木)	4/19(金)	4/20(土)	4/21(日)

6 JUNE

MON	TUE	WED	THU	FRI	SAT	SUN
					1 13:00 森林どり泉	2 13:00 森林どり泉
3	4 13:00 鎌スタ	5 13:00 鎌スタ	6 13:00 鎌スタ	7 13:00 ジャイアンツ	8 13:00 ジャイアンツ	9 13:00 ジャイアンツ
10	11 13:00 鎌スタ	12 13:00 鎌スタ	13 13:00 鎌スタ	14 12:30 戸田	15 12:30 戸田	16 12:30 戸田
17	18 13:00 鎌スタ	19 12:30 鎌スタ	20	21 18:00 横須賀	22 14:00 横須賀	23 13:00 横須賀
24	25 13:00 鎌スタ	26 13:00 鎌スタ	27 13:00 鎌スタ	28 13:00 鎌スタ	29 13:00 鎌スタ	30 13:00 鎌スタ

[6・7月チケット発売日　対象試合：6/18(火)～7/14(日)]

FAVランク5	FAVランク4	FAVランク3	FAVランク1・2	一般
5/15(水)	5/16(木)	5/17(金)	5/18(土)	5/19(日)

7 JULY

MON	TUE	WED	THU	FRI	SAT	SUN
1	2 18:00 ベルーナドーム	3 18:00 ベルーナドーム	4 13:00 カーミニーク	5	6 12:30 釧路	7 12:00 帯広
8	9 12:00 ロッテ	10 12:00 ロッテ	11 12:00 ロッテ	12 13:00 鎌スタ	13 13:00 鎌スタ	14 13:00 鎌スタ
15	16	17 12:30 ちゅ～る	18 12:30 ちゅ～る	19	20 フレッシュオールスターゲーム2024 姫路	21
22	23	24	25	26 12:30 戸田	27 12:30 戸田	28 12:30 戸田
29	30 13:00 鎌スタ	31 13:00 鎌スタ				

[7・8月チケット発売日　対象試合：7/30(火)～8/22(木)]

FAVランク5	FAVランク4	FAVランク3	FAVランク1・2	一般
6/26(水)	6/27(木)	6/28(金)	6/29(土)	6/30(日)

8 AUGUST

MON	TUE	WED	THU	FRI	SAT	SUN
			1 13:00 鎌スタ	2 16:00 江戸川	3 18:00 ジャイアンツ	4 17:00 ジャイアンツ
5	6	7	8	9	10 13:00 鎌スタ	11 13:00 鎌スタ
12 13:00 鎌スタ	13 13:00 鎌スタ	14 12:30 鎌スタ	15	16	17	18
19	20 13:00 鎌スタ	21 13:00 鎌スタ	22 13:00 鎌スタ	23	24 18:00 横須賀	25 14:00 横須賀
26	27 13:00 カーミニーク	28 13:00 カーミニーク	29 13:00 カーミニーク	30	31	

C・Bの𝕏チェックしてみてね！

9 SEPTEMBER

MON	TUE	WED	THU	FRI	SAT	SUN
						1
2	3 13:00 鎌スタ	4 13:00 鎌スタ	5	6	7 13:00 牛久	8 13:00 龍ケ崎
9	10 13:00 鎌スタ	11 13:00 鎌スタ	12	13 12:30 森林どり泉	14 12:30 森林どり泉	15 12:30 山形
16	17 13:00 鎌スタ	18 13:00 鎌スタ	19	20 13:00 鎌スタ	21 13:00 鎌スタ	22 12:30 鎌スタ
23 13:30 長岡悠久山	24 13:00 長岡悠久山	25 12:30 長岡悠久山	26	27 18:00 ジャイアンツ	28 14:00 ジャイアンツ	29 13:00 ジャイアンツ

[9・10月チケット発売日　対象試合：9/3(火)～9/22(日)]

FAVランク5	FAVランク4	FAVランク3	FAVランク1・2	一般
8/7(水)	8/8(木)	8/9(金)	8/10(土)	8/11(日)

※試合日程、開催場所、試合開始時間が変更となる場合がございます。あらかじめご了承ください。変更が生じた場合は、球団公式サイトでご案内いたします

※一軍オープン戦の概要につきましては、球団公式サイトでご確認ください

※地方開催試合のチケット発売日は後日発表いたします

ホームゲーム　ビジター　地方主催試合　一軍オープン戦

読売ジャイアンツ	東京ヤクルトスワローズ
横浜DeNAベイスターズ	東北楽天ゴールデンイーグルス
埼玉西武ライオンズ	オイシックス新潟アルビレックス・ベースボール・クラブ
千葉ロッテマリーンズ	くふうハヤテベンチャーズ静岡

チケット購入は Fチケ から！

ファーム地方主催試合開催球場一覧

■オーシャンスタジアム／千代台公園野球場
・函館市千代台町22-26
・20,000人収容／両翼99.1m・中堅122m
・函館市電千代台停留所から徒歩3分、函館バス「千代台」バス停下車徒歩3分

■ウインドヒルひがし北海道スタジアム
・北海道釧路市広里6
・17,988人収容／両翼97.6m・中堅122m
・くしろバス「豊美二丁目」下車徒歩約15分

■帯広の森野球場
・北海道帯広市南町南7線56-7
・23,008人収容／　両翼97.6m・中堅122m
・十勝バス・拓殖バス「帯広の森野球場前」下車すぐ

■エスコンフィールドHOKKAIDO
・北海道北広島市Fビレッジ1
・35,000人収容／左翼98m・中堅122m・右翼100m
・JR北広島駅から徒歩またはシャトルバス、タクシー

■牛久運動公園野球場
・茨城県牛久市下根町1400
・4,300人収容／両翼100m・中堅122m
・コミュニティバスかっぱ号「牛久公園」下車すぐ

■TOKIWAスタジアム龍ケ崎
（たつのこスタジアム）
・茨城県龍ケ崎市松ケ丘2丁目16−1
・4,000人収容／両翼100m・中堅123m
・関東鉄道「竜ヶ崎駅」より車で約10分

鎌ケ谷スタジアム

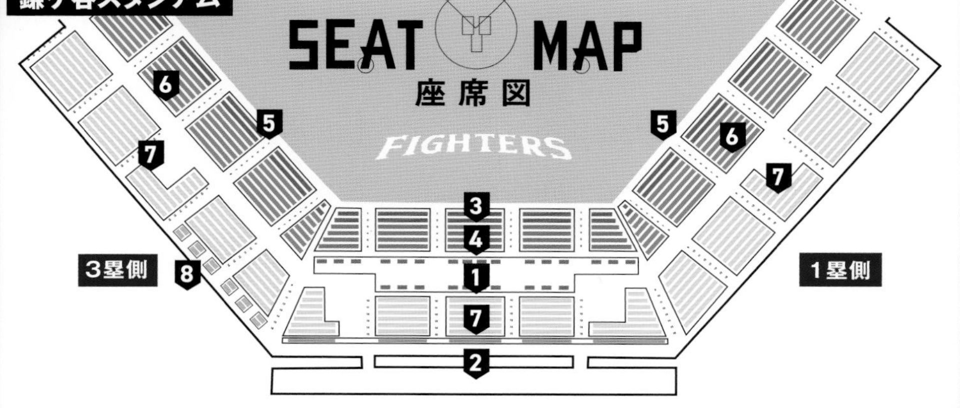

チケット価格表

席種	平日	土日祝
❶ プレミアムシート	¥2,600	¥3,100
❷ 屋根付きシート	¥1,800	¥2,300
❸ バックネット裏S指定席	¥2,100	¥2,600
❹ バックネット裏A指定席	¥1,800	¥2,300
❺ 内野S指定席（1塁・3塁）	¥2,000	¥2,500
❻ 内野A指定席（1塁・3塁）	¥1,600	¥2,100
❼ 内野自由席（上段）	¥1,300	¥1,800
❽ マブチモーター ファミリーシート（5人席）	¥6,000	¥8,500
車いす席	¥1,300	¥1,800

■パ・リーグ 勝敗表

※赤字は北海道日本ハムファイターズの成績

順位	球団	試合	勝利	敗北	引分	勝率	ゲーム差	オリックス	千葉ロッテ	福岡ソフトバンク	東北楽天	埼玉西武	北海道日本ハム	交流戦
1位	オリックス	143	86	53	4	.619	─	─	15-8(2)	13-11(1)	15-10	17-8	15-9(1)	11-7
2位	千葉ロッテ	143	70	68	5	.507	15.5	8-15(2)	─	12-12(1)	13-12	16-9	14-11	7-9(2)
3位	福岡ソフトバンク	143	71	69	3	.507	15.5	11-13(1)	12-12(1)	─	10-14(1)	13-12	14-11	11-7
4位	東北楽天	143	70	71	2	.496	17.0	10-15	12-13	14-10(1)	─	10-14(1)	15-10	9-9
5位	埼玉西武	143	65	77	1	.458	22.5	8-17	9-16	12-13	14-10(1)	─	16-9	6-12
6位	北海道日本ハム	143	60	82	1	.423	27.5	9-15(1)	11-14	11-14	10-15	9-16	─	10-8

■パ・リーグ 個人打撃成績

(規定打席443以上)

順位	打者	(球団)	打率	試合	打数	安打	本塁打	打点	盗塁	犠打	四死球	三振	長打率	出塁率
1	頓宮 裕真	(オ)	.307	113	401	123	16	49	0	1	47	69	.484	.378
2	近藤 健介	(ソ)	.303	143	492	149	26	87	3	0	115	117	.528	.431
3	柳田 悠岐	(ソ)	.299	143	546	163	22	85	1	0	73	97	.484	.378
4	森 友哉	(オ)	.294	110	384	113	18	64	4	1	61	61	.508	.385
5	松本 剛	(日)	.276	134	507	140	3	30	12	7	44	57	.333	.332
6	紅林 弘太郎	(オ)	.275	127	443	122	8	39	4	7	29	63	.377	.318
7	中村 晃	(ソ)	.274	136	511	140	5	37	0	7	63	53	.337	.351
8	浅村 栄斗	(楽)	.274	143	522	143	26	78	2	0	78	108	.462	.368
9	中川 圭太	(オ)	.269	135	506	136	12	55	5	6	50	90	.417	.334
10	万波 中正	(日)	.265	141	533	141	25	74	2	2	45	138	.467	.321
11	辰己 涼介	(楽)	.263	133	434	114	9	43	13	8	52	99	.385	.341
12	外崎 修汰	(西)	.260	136	503	131	12	54	26	3	61	114	.400	.338
13	マキノン	(西)	.259	127	464	120	15	50	1	0	48	91	.401	.327
14	小深田 大翔	(楽)	.258	134	477	123	5	37	36	20	51	83	.331	.329
15	今宮 健太	(ソ)	.255	126	427	109	9	48	4	24	29	58	.370	.300
16	マルティネス	(日)	.246	119	386	95	15	66	0	0	55	99	.425	.338
17	宗 佑磨	(オ)	.245	122	428	105	2	22	1	9	40	55	.313	.309
18	ポランコ	(ロ)	.242	125	447	108	26	75	0	0	47	92	.450	.312
19	安田 尚憲	(ロ)	.238	122	416	99	9	43	2	0	51	95	.361	.318
20	野村 佑希	(日)	.236	125	423	100	13	43	4	0	46	112	.383	.309
21	山口 航輝	(ロ)	.235	115	421	99	14	57	0	0	48	122	.385	.310
22	中村 奨吾	(ロ)	.220	137	508	112	11	48	3	13	59	89	.331	.299

■パ・リーグ個人投手成績

(規定投球回数143回以上)

順位	投手	(球団)	防御率	試合	完投	無点勝利	勝利	敗北	セーブ	勝率	投球回	三振	自責点
1	山本 由伸	(オ)	1.21	23	2	1	16	6	0	.727	164	169	22
2	髙橋 光成	(西)	2.21	23	4	2	10	8	0	.556	155	120	38
3	宮城 大弥	(オ)	2.27	22	3	3	10	4	0	.714	146 2/3	122	37
4	平良 海馬	(西)	2.40	23	0	0	11	7	0	.611	150	153	40
5	則本 昂大	(楽)	2.61	24	0	0	8	8	0	.500	155	111	45
6	加藤 貴之	(日)	2.87	24	3	1	7	9	0	.438	163 1/3	83	52
7	上沢 直之	(日)	2.96	24	2	2	9	9	0	.500	170	124	56
8	伊藤 大海	(日)	3.46	24	3	1	7	10	0	.412	153 1/3	134	59
9	小島 和哉	(ロ)	3.47	25	0	0	10	6	0	.625	158 1/3	114	61

■パ・リーグ チーム別点差別逆転勝利

球団	通算勝利	逆転勝利	逆転勝利の内訳				
			−1点	−2点	−3点	−4点	−5点〜
東北楽天	70	31	20	6	3	1	1
千葉ロッテ	70	29	17	5	5	2	0
福岡ソフトバンク	71	28	15	6	5	2	0
オリックス	86	25	17	4	3	1	0
北海道日本ハム	60	23	17	4	2	0	0
埼玉西武	65	19	8	8	3	0	0

■ファイターズ 月別勝敗表

月	試合	勝	負	引分	勝率	オリックス			千葉ロッテ			福岡ソフトバンク			東北楽天			埼玉西武			交流戦		
						勝	負	分	勝	負	分	勝	負	分	勝	負	分	勝	負	分	勝	負	分
3月	1	0	1	0	.000	-	-	-	-	-	-	-	-	-	0	1	0	-	-	-	-	-	-
4月	24	9	15	0	.375	3	2	0	1	5	0	2	3	0	2	3	0	1	2	0	-	-	-
5月	25	14	11	0	.560	2	1	0	1	1	0	2	4	0	3	3	0	4	2	0	2	0	0
6月	22	10	12	0	.455	0	1	0	1	2	0	-	-	-	-	-	-	1	1	0	8	8	0
7月	21	5	16	0	.238	2	5	0	0	2	0	1	2	0	2	4	0	0	3	0	-	-	-
8月	26	14	11	1	.560	0	2	1	6	3	0	3	3	0	2	0	0	3	3	0	-	-	-
9月	21	7	14	0	.333	2	3	0	2	1	0	2	2	0	1	3	0	0	5	0	-	-	-
10月	3	1	2	0	.333	0	1	0	-	-	-	1	0	0	0	1	0	-	-	-	-	-	-
計	143	60	82	1	.423	9	15	1	11	14	0	11	14	0	10	15	0	9	16	0	10	8	0

■ファイターズ 年度別成績表

年度	監督( )は代理監督	順位	試合	勝利	敗北	引分	勝率	打率	本塁打	防御率
'46	横沢 三郎	5	105	47	58	0	.448	.238	43	3.67
'47	苅田 久徳	6	119	51	65	3	.440	.218	45	2.53
'48	苅田 久徳(皆川 定之)	5	140	59	70	11	.457	.228	49	3.08
'49	井野川 利春	7	138	64	73	1	.467	.243	93	4.18
'50	(総)安藤 忍(監)井野川 利春	6	120	51	69	0	.425	.256	87	4.52
'51	安藤 忍	6	102	38	56	8	.404	.241	71	3.64
'52	(総)安藤 忍(監)井野川 利春	6	108	49	59	0	.454	.251	51	3.96
'53	井野川 利春	6	120	50	67	3	.427	.220	50	3.26
'54	〃	7	140	52	86	2	.377	.234	46	3.73
'55	保井 浩一	7	143	51	89	3	.364	.232	40	3.18
※'56	岩本 義行	6	154	58	92	4	.390	.216	41	2.86
※'57	〃	5	132	56	73	3	.436	.227	45	2.80
※'58	〃	5	130	57	70	3	.450	.237	40	2.70
'59	〃	3	135	67	63	5	.515	.242	78	2.98
'60	岩本 義行(保井 浩一)	5	132	52	78	2	.400	.236	80	2.92
※'61	水原 茂	2	140	83	52	5	.611	.264	108	2.39
'62	〃	1	133	78	52	3	.600	.252	85	2.42
'63	〃	3	150	76	71	3	.517	.236	114	3.02
'64	〃	3	150	78	68	4	.534	.250	100	2.95
'65	〃	2	140	76	61	3	.555	.240	107	2.88
'66	〃	3	136	70	60	6	.538	.256	91	2.75
'67	〃	3	134	65	65	4	.500	.260	97	3.19
'68	大下 弘(飯島 滋弥)	6	135	51	79	5	.392	.248	118	3.97
'69	松木 謙治郎	4	130	57	70	3	.449	.254	116	3.35
'70	松木 謙治郎、田宮 謙次郎	5	130	54	70	6	.435	.253	147	4.18
'71	田宮 謙次郎	5	130	44	74	12	.373	.241	131	3.96

年度	監督( )は代理監督	順位	試合	勝利	敗北	引分	勝率	打率	本塁打	防御率
'72	〃	4	130	63	61	6	.508	.270	149	3.82
'73	田宮 謙次郎、土橋 正幸	5	130	55	69	6	.444	.254	133	3.97
'74	中西 太	6	130	49	75	6	.395	.246	96	4.11
'75	〃	6	130	55	63	12	.466	.258	100	3.89
'76	大沢 啓二	5	130	52	67	11	.437	.258	107	3.72
'77	〃	5	130	58	61	11	.487	.245	113	3.36
'78	〃	3	130	55	63	12	.466	.264	131	3.98
'79	〃	3	130	63	60	7	.512	.266	131	4.09
'80	〃	3	130	66	53	11	.555	.264	167	3.61
'81	〃	1	130	68	54	8	.557	.276	126	3.81
'82	〃	2	130	67	52	11	.563	.266	127	3.63
'83	〃	3	130	64	59	7	.520	.275	153	3.82
'84	植村 義信、大沢 啓二	6	130	44	73	13	.376	.259	144	4.98
'85	高田 繁	5	130	53	65	12	.449	.265	169	4.36
'86	〃	5	130	57	65	8	.467	.262	151	4.10
'87	〃	3	130	63	60	7	.512	.259	128	3.96
'88	〃	3	130	62	65	3	.488	.245	101	3.12
'89	近藤 貞雄	5	130	54	73	3	.425	.266	131	4.20
'90	〃	4	130	66	63	1	.512	.263	128	3.68
'91	〃	4	130	53	72	5	.424	.251	112	3.72
'92	土橋 正幸	5	130	54	73	3	.425	.259	99	4.20
'93	大沢 啓二	2	130	71	52	7	.577	.259	106	3.37
'94	〃	6	130	46	79	5	.368	.252	101	4.62
'95	上田 利治	4	130	59	68	3	.465	.237	105	3.56
'96	上田 利治(住友平)	2	130	68	58	4	.540	.249	130	3.49
'97	上田 利治	4	135	63	71	1	.470	.265	128	4.18

年度	監督( )は代理監督	順位	試合	勝利	敗北	引分	勝率	打率	本塁打	防御率
'98	〃	2	135	67	65	3	.508	.255	150	3.83
'99	上田 利治(住友平)	5	135	60	73	2	.451	.260	148	4.34
'00	大島 康徳	3	135	69	65	1	.515	.278	177	4.70
'01	〃	6	140	53	84	3	.387	.256	147	4.79
'02	大島 康徳(高代延博)	5	140	61	76	3	.445	.247	146	3.86
'03	トレイ・ヒルマン	5	140	62	74	4	.456	.269	149	4.88
'04	〃	3	133	66	65	2	.504	.281	178	4.72
'05	〃	5	136	62	71	3	.466	.254	165	3.98
'06	〃	1	136	82	54	0	.603	.269	135	3.05
'07	〃	1	144	79	60	5	.568	.259	73	3.22
'08	梨田 昌孝	3	144	73	69	2	.514	.255	82	3.54
'09	〃	1	144	82	60	2	.577	.278	112	3.65
'10	〃	4	144	74	67	3	.525	.274	91	3.52
'11	〃	2	144	72	65	7	.526	.251	86	2.68
'12	栗山 英樹	1	144	74	59	11	.556	.256	90	2.89
'13	〃	6	144	64	78	2	.451	.256	105	3.74
'14	〃	3	144	73	68	3	.518	.251	119	3.61
'15	〃	2	143	79	62	2	.560	.258	106	3.62
'16	〃	1	143	87	53	3	.621	.266	121	3.06
'17	〃	5	143	60	83	0	.420	.242	108	3.82
'18	〃	3	143	74	66	3	.529	.251	140	3.77
'19	〃	5	143	65	73	5	.471	.251	93	3.76
'20	〃	5	120	53	62	5	.461	.249	89	4.02
'21	〃	5	143	55	68	20	.447	.231	78	3.32
'22	BIGBOSS	6	143	59	81	3	.421	.234	100	3.46
'23	新庄 剛志	6	143	60	82	1	.423	.231	100	3.08

※印の年度は引き分けを0.5勝として計算、'73年度より'82年度までは2シーズン制

■20本塁打以上の打者

＊は東映23＋西鉄2

年度	氏名	本塁打
'46	大下 弘	20
'49	大下 弘	38
'51	大下 弘	26
'52	深見 安博	25＊
'61	張本 勲	24
〃	西園寺 昭夫	22
'62	張本 勲	31
'63	張本 勲	33
'64	張本 勲	21
'65	張本 勲	23
'66	張本 勲	28
'67	張本 勲	28
〃	大杉 勝男	27
'68	大杉 勝男	34
〃	張本 勲	24
'69	大杉 勝男	36
〃	張本 勲	20
'70	大杉 勝男	44
〃	張本 勲	34
'71	大杉 勝男	41
〃	張本 勲	26
'72	大杉 勝男	40
〃	張本 勲	31
'73	大杉 勝男	34
〃	張本 勲	33
'74	大杉 勝男	22
'76	ミッチェル	23
〃	ウィリアムス	23
'77	ミッチェル	32
〃	ウィリアムス	21
'78	ミッチェル	36
〃	柏原 純一	24
'79	柏原 純一	22
〃	ミッチェル	22
'80	ソレイタ	45
〃	柏原 純一	34
〃	クルーズ	26
'81	ソレイタ	44
'82	ソレイタ	30
〃	柏原 純一	22
'83	ソレイタ	36
〃	柏原 純一	26
'84	クルーズ	29
'85	古屋 英夫	33
'86	パットナム	25
〃	古屋 英夫	21
〃	ブリューワ	20
'87	ブリューワ	35
'89	ブリューワ	27
'90	ウィンタース	35
'91	ウィンタース	33
'92	ウィンタース	35
'93	ウィンタース	35
〃	シュー	24
'94	田中 幸雄	27
〃	ウィンタース	22
'95	田中 幸雄	25
〃	デューシー	25
〃	ブリトー	21
'96	ブリトー	29
〃	デューシー	26
〃	田中 幸雄	22
'97	ウィルソン	37
'98	ウィルソン	33
〃	ブルックス	25
〃	田中 幸雄	24
〃	西浦 克拓	20
'99	フランクリン	30
〃	小笠原 道大	25
〃	田中 幸雄	23
〃	オバンドー	20
'00	ウィルソン	37
〃	小笠原 道大	31
〃	オバンドー	30
〃	片岡 篤史	21
'01	小笠原 道大	32
〃	田中 幸雄	20
'02	小笠原 道大	32
〃	オバンドー	26
〃	クローマー	20
'03	小笠原 道大	31
〃	エチェバリア	31
'04	セギノール	44
〃	高橋 信二	26
〃	SHINJO	24
'05	小笠原 道大	37
〃	セギノール	31
〃	SHINJO	20
'06	小笠原 道大	32
〃	稲葉 篤紀	26
〃	セギノール	26
'07	セギノール	21
'08	稲葉 篤紀	20
'09	スレッジ	27
'12	中田 翔	24
'13	アブレイユ	31
〃	中田 翔	28
'14	中田 翔	27
〃	陽岱鋼	25
'15	レアード	34
〃	中田 翔	30
'16	レアード	39
〃	中田 翔	25
〃	大谷 翔平	22
'17	レアード	32
'18	レアード	26
〃	中田 翔	25
'19	中田 翔	24
〃	大田 泰示	20
'20	中田 翔	31
'23	万波 中正	25

■パ・リーグ リーダーズ

打撃部門

試合			
1	浅村 栄斗	(楽)	143
1	柳田 悠岐	(ソ)	143
1	近藤 健介	(ソ)	143
4	万波 中正	(日)	141
5	甲斐 拓也	(ソ)	139

打数			
1	柳田 悠岐	(ソ)	546
2	万波 中正	(日)	533
3	浅村 栄斗	(楽)	522
4	中村 晃	(ソ)	511
5	中村 奨吾	(ロ)	508

得点			
1	近藤 健介	(ソ)	75
2	万波 中正	(日)	69
3	小深田 大翔	(楽)	67
4	中川 圭太	(オ)	66
5	浅村 栄斗	(楽)	64

安打			
1	柳田 悠岐	(ソ)	163
2	近藤 健介	(ソ)	149
3	浅村 栄斗	(楽)	143
4	万波 中正	(日)	141
5	松本 剛	(日)	140
5	中村 晃	(ソ)	140

二塁打			
1	近藤 健介	(ソ)	33
1	万波 中正	(日)	33
3	柳田 悠岐	(ソ)	29
3	中川 圭太	(オ)	29
5	外崎 修汰	(西)	28

三塁打			
1	小深田 大翔	(楽)	6
2	中川 圭太	(オ)	5
2	辰己 涼介	(楽)	5
2	山崎 剛	(楽)	5
5	源田 壮亮	(西)	4

本塁打			
1	近藤 健介	(ソ)	26
1	浅村 栄斗	(楽)	26
1	ポランコ	(ロ)	26
4	万波 中正	(日)	25
5	柳田 悠岐	(ソ)	22

打点			
1	近藤 健介	(ソ)	87
2	柳田 悠岐	(ソ)	85
3	浅村 栄斗	(楽)	78
4	ポランコ	(ロ)	75
5	万波 中正	(日)	74

盗塁			
1	小深田 大翔	(楽)	36
1	周東 佑京	(ソ)	36
3	外崎 修汰	(西)	26
4	和田 康士朗	(ロ)	20
5	五十幡 亮汰	(日)	17

犠打			
1	太田 光	(楽)	28
2	今宮 健太	(ソ)	24
3	小深田 大翔	(楽)	20
4	川瀬 晃	(ソ)	18
4	甲斐 拓也	(ソ)	18

四球			
1	近藤 健介	(ソ)	109
2	浅村 栄斗	(楽)	75
3	柳田 悠岐	(ソ)	64
4	中村 晃	(ソ)	60
5	柳町 達	(ソ)	58

死球			
1	辰己 涼介	(楽)	12
2	マルティネス	(日)	11
3	柳田 悠岐	(ソ)	9
3	鈴木 大地	(楽)	9
3	杉本 裕太郎	(オ)	9

三振			
1	万波 中正	(日)	138
2	山口 航輝	(ロ)	122
3	近藤 健介	(ソ)	117
3	甲斐 拓也	(ソ)	117
5	外崎 修汰	(西)	114

打率			
1	頓宮 裕真	(オ)	.307
2	近藤 健介	(ソ)	.303
3	柳田 悠岐	(ソ)	.299
4	森 友哉	(オ)	.294
5	松本 剛	(日)	.276

出塁率			
1	近藤 健介	(ソ)	.431
2	森 友哉	(オ)	.385
3	頓宮 裕真	(オ)	.3777
4	柳田 悠岐	(ソ)	.3776
5	浅村 栄斗	(楽)	.368

投手部門

登板			
1	鈴木 翔天	(楽)	61
2	松井 裕樹	(楽)	59
3	益田 直也	(ロ)	58
4	安樂 智大	(楽)	57
5	津森 宥紀	(ソ)	56

完投			
1	髙橋 光成	(西)	4
2	宮城 大弥	(オ)	3
2	加藤 貴之	(日)	3
2	伊藤 大海	(日)	3
5	山本 由伸	(オ)	2
5	今井 達也	(西)	2
5	大関 友久	(ソ)	2
5	上沢 直之	(日)	2
5	隅田 知一郎	(西)	2

完封勝利			
1	宮城 大弥	(オ)	3
2	髙橋 光成	(西)	2
2	上沢 直之	(日)	2
4	山本 由伸	(オ)	1
4	今井 達也	(西)	1
4	有原 航平	(ソ)	1
4	加藤 貴之	(日)	1
4	大関 友久	(ソ)	1
4	岸 孝之	(楽)	1
4	隅田 知一郎	(西)	1
4	伊藤 大海	(日)	1
4	與座 海人	(西)	1
4	石川 柊太	(ソ)	1

勝利			
1	山本 由伸	(オ)	16
2	平良 海馬	(西)	11
2	山﨑 福也	(オ)	11
4	髙橋 光成	(西)	10
4	宮城 大弥	(オ)	10
4	今井 達也	(西)	10
4	有原 航平	(ソ)	10
4	種市 篤暉	(ロ)	10
4	小島 和哉	(ロ)	10

敗北			
1	田中 将大	(楽)	11
2	隅田 知一郎	(西)	10
2	伊藤 大海	(日)	10
2	エンス	(西)	10
5	加藤 貴之	(日)	9
5	上沢 直之	(日)	9
5	美馬 学	(ロ)	9

セーブ			
1	松井 裕樹	(楽)	39
2	益田 直也	(ロ)	36
3	平野 佳寿	(オ)	29
4	オスナ	(ソ)	26
5	田中 正義	(日)	25

ホールドポイント			
1	ペルドモ	(ロ)	42
2	渡辺 翔太	(楽)	33
3	平井 克典	(西)	32
4	山﨑 颯一郎	(オ)	28
5	松本 裕樹	(ソ)	27

投球回			
1	上沢 直之	(日)	170
2	山本 由伸	(オ)	164
3	加藤 貴之	(日)	163 1/3
4	小島 和哉	(ロ)	158 1/3
5	髙橋 光成	(西)	155
5	則本 昂大	(楽)	155

被安打			
1	加藤 貴之	(日)	162
2	田中 将大	(楽)	156
3	上沢 直之	(日)	152
4	伊藤 大海	(日)	147
5	小島 和哉	(ロ)	143

与死球			
1	今井 達也	(西)	8
1	安樂 智大	(楽)	8
1	伊藤 大海	(日)	8
1	石川 柊太	(ソ)	8
5	髙橋 光成	(西)	7
5	有原 航平	(ソ)	7
5	藤井 皓哉	(ソ)	7
5	田浦 文丸	(ソ)	7
5	ボー・タカハシ	(西)	7
5	種市 篤暉	(ロ)	7
5	隅田 知一郎	(西)	7

被本塁打			
1	石川 柊太	(ソ)	15
1	田中 将大	(楽)	15
3	加藤 貴之	(日)	14
3	上沢 直之	(日)	14
3	小島 和哉	(ロ)	14
3	松本 航	(西)	14

与四球			
1	今井 達也	(西)	61
1	石川 柊太	(ソ)	61
3	小島 和哉	(ロ)	57
4	平良 海馬	(西)	55
5	荘司 康誠	(楽)	48
5	松本 航	(西)	48

奪三振			
1	山本 由伸	(オ)	169
2	種市 篤暉	(ロ)	157
3	平良 海馬	(西)	153
4	佐々木 朗希	(ロ)	135
5	伊藤 大海	(日)	134

自責点			
1	田中 将大	(楽)	76
2	小島 和哉	(ロ)	61
3	伊藤 大海	(日)	59
4	石川 柊太	(ソ)	58
5	上沢 直之	(日)	56

防御率			
1	山本 由伸	(オ)	1.21
2	髙橋 光成	(西)	2.21
3	宮城 大弥	(オ)	2.27
4	平良 海馬	(西)	2.40
5	則本 昂大	(楽)	2.61

■防御率10傑入り投手

年度	氏名	防御率	順位
'46	白木 義一郎	2.58	④
'47	白木 義一郎	1.74	①
'50	米川 泰夫	3.24	⑦
'51	米川 泰夫	2.35	⑤
'54	米川 泰夫	2.43	⑨
'55	米川 泰夫	2.26	⑥
'57	牧野 伸	2.06	⑤
'58	土橋 正幸	2.12	⑥
〃	西田 亨	2.30	⑧
'59	土橋 正幸	2.36	⑤
〃	飯尾 為男	3.09	⑨
'61	土橋 正幸	1.90	②
〃	久保田 治	2.16	③
'62	久保田 治	2.12	①
〃	安藤 元博	2.32	③
〃	土橋 正幸	2.38	④
〃	尾崎 行雄	2.42	⑤
'63	石川 陽造	2.54	④
'64	尾崎 行雄	2.55	⑥
〃	石川 陽造	2.62	⑦
〃	嵯峨 健四郎	2.68	⑧
'65	尾崎 行雄	1.88	②
〃	永易 将之	1.93	③
'66	嵯峨 健四郎	2.32	⑥
〃	尾崎 行雄	2.62	⑧
'67	宮崎 昭二	2.10	②
〃	高橋 善正	2.46	⑨
'68	田中 調	2.85	⑧
'69	高橋 直樹	2.42	④
〃	田中 調	2.78	⑩
'70	金田 留広	2.71	⑤
'71	金田 留広	2.99	④
〃	高橋 善正	3.26	⑨
'72	金田 留広	3.24	⑩
'75	高橋 直樹	2.95	⑩
'77	高橋 直樹	2.97	⑦
'78	高橋 直樹	2.88	⑤
〃	村上 雅則	3.02	⑨
'79	高橋 直樹	2.75	③
'79	宇田 東植	3.47	⑦

年度	氏名	防御率	順位
'80	木田 勇	2.28	①
〃	高橋 一三	3.56	⑤
〃	間柴 茂有	3.83	⑧
'81	岡部 憲章	2.70	①
〃	高橋 一三	2.94	③
〃	間柴 茂有	3.46	⑧
'82	高橋 里志	1.84	①
〃	工藤 幹夫	2.10	②
'83	川原 昭二	3.40	⑤
'84	坂巻 明	3.33	④
'85	柴田 保光	3.28	③
〃	河野 博文	4.17	⑨
'86	柴田 保光	3.38	⑤
〃	金沢 次男	3.79	⑦
'87	西崎 幸広	2.89	⑤
〃	河野 博文	3.29	⑨
'88	河野 博文	2.38	①
〃	西崎 幸広	2.50	③
〃	松浦 宏明	2.76	⑥
〃	津野 浩	2.92	⑦
'89	西崎 幸広	3.55	⑧
'90	柴田 保光	3.11	③
〃	酒井 光次郎	3.46	⑦
〃	松浦 宏明	3.47	⑧
〃	西崎 幸広	3.88	⑩
'91	柴田 保光	2.48	②
'92	柴田 保光	3.16	⑥
'93	西崎 幸広	2.20	②
〃	白井 康勝	2.66	④
〃	武田 一浩	3.33	⑨
'94	河野 博文	3.84	⑨
'95	K・グロス	3.04	⑦
〃	岩本 勉	3.07	⑧
'96	西崎 幸広	2.87	④
〃	今関 勝	3.22	⑧
'98	金村 暁	2.73	①
〃	関根 裕之	3.36	⑤
〃	芝草 宇宙	3.90	⑩
'99	岩本 ツトム	3.81	⑩
'00	関根 裕之	4.90	⑨

年度	氏名	防御率	順位
'02	金村 曉	3.17	⑥
〃	正田 樹	3.45	⑦
〃	C・シールバック	3.60	⑨
'04	金村 曉	3.93	⑨
'05	入来 祐作	3.35	⑨
'06	八木 智哉	2.48	③
〃	ダルビッシュ有	2.89	⑦
'07	ダルビッシュ有	1.82	②
〃	グリン	2.21	③
〃	武田 勝	2.54	⑥
'08	ダルビッシュ有	1.88	②
'09	ダルビッシュ有	1.73	①
'10	ダルビッシュ有	1.78	①
〃	武田 勝	2.41	②
〃	ケッペル	3.35	⑧
'11	ダルビッシュ有	1.44	②
〃	武田 勝	2.46	⑧
'12	吉川 光夫	1.71	①
〃	武田 勝	2.36	⑥
〃	ウルフ	2.66	⑩
'13	吉川 光夫	3.31	⑥
〃	木佐貫 洋	3.66	⑩
'14	大谷 翔平	2.61	③
'15	大谷 翔平	2.24	①
〃	メンドーサ	3.51	⑨
'16	有原 航平	2.94	⑤
'18	上沢 直之	3.16	③
〃	マルティネス	3.51	④
'19	有原 航平	2.46	②
'20	有原 航平	3.46	③
'21	上沢 直之	2.81	③
〃	伊藤 大海	2.90	④
〃	加藤 貴之	3.42	⑨
'22	加藤 貴之	2.01	③
〃	伊藤 大海	2.95	⑤
〃	上沢 直之	3.38	⑨
'23	加藤 貴之	2.87	⑥
〃	上沢 直之	2.96	⑦
〃	伊藤 大海	3.46	⑧

■打撃10傑入り打者

年度	氏名	打率	順位
'46	飯島 滋弥	.312	⑦
'47	大下 弘	.315	①
'48	小鶴 誠	.305	②
'50	大下 弘	.339	①
'51	大下 弘	.383	①
'52	斎藤 宏	.301	⑦
'55	毒島 章一	.298	⑧
'57	毒島 章一	.307	③
'58	毒島 章一	.306	②
〃	スタンレー橋本	.291	⑥
'59	西園寺 昭夫	.300	⑥
'60	張本 勲	.302	④
'61	張本 勲	.336	①
〃	吉田 勝豊	.298	⑧
'62	張本 勲	.333	④
'63	張本 勲	.280	⑩
'64	張本 勲	.328	②
〃	岩下 光一	.288	⑧
'65	張本 勲	.292	⑥
'66	張本 勲	.330	②
〃	毒島 章一	.298	④
〃	種茂 雅之	.291	⑤
'67	張本 勲	.336	①
〃	大杉 勝男	.291	⑥
'68	張本 勲	.336	①
'69	張本 勲	.333	①
〃	白 仁天	.291	⑨
〃	大杉 勝男	.285	⑩
'70	張本 勲	.383	①
〃	大杉 勝男	.339	②
〃	大下 剛史	.301	⑦
'71	大杉 勝男	.315	⑥
〃	張本 勲	.313	⑦
'72	張本 勲	.358	①
〃	白 仁天	.315	③
〃	大杉 勝男	.295	⑨
'73	張本 勲	.324	②
'74	張本 勲	.340	①
〃	阪本 敏三	.280	⑧
'75	小田 義人	.319	②

年度	氏名	打率	順位
'76	ウィリアムス	.285	⑥
〃	富田 勝	.284	⑧
〃	小田 義人	.281	⑩
'77	富田 勝	.307	⑥
'78	富田 勝	.307	⑧
'79	古屋 英夫	.313	⑨
'80	T・クルーズ	.309	⑩
'81	島田 誠	.318	②
〃	柏原 純一	.310	⑧
'82	古屋 英夫	.291	⑧
〃	島田 誠	.286	⑨
〃	柏原 純一	.285	⑩
'83	T・クルーズ	.320	③
〃	古屋 英夫	.306	⑥
〃	島田 誠	.303	⑨
'84	T・クルーズ	.348	②
'85	T・クルーズ	.321	⑤
'86	T・ブリューワ	.321	⑥
'87	T・ブリューワ	.303	⑤
'88	M・イースラー	.304	⑦
'89	T・ブリューワ	.306	⑤
'90	T・ブリューワ	.295	⑦
〃	田中 幸雄	.287	⑨
'91	白井 一幸	.311	③
'92	中島 輝士	.290	⑨
〃	片岡 篤史	.290	⑩
'93	片岡 篤史	.287	⑦
〃	広瀬 哲朗	.279	⑧
'95	田中 幸雄	.291	⑤
'96	片岡 篤史	.315	②
'98	片岡 篤史	.300	⑦
'99	小笠原 道大	.285	⑦
'00	S・オバンドー	.332	②
〃	小笠原 道大	.329	③
〃	野口 寿浩	.298	⑨
'01	小笠原 道大	.339	②
'02	小笠原 道大	.340	①
'03	小笠原 道大	.360	①
'03	坪井 智哉	.330	⑦
'04	小笠原 道大	.345	②

年度	氏名	打率	順位
'06	小笠原 道大	.313	④
〃	稲葉 篤紀	.307	⑦
'07	稲葉 篤紀	.334	①
〃	森本 稀哲	.300	⑥
'08	稲葉 篤紀	.301	⑧
'09	高橋 信二	.309	⑤
〃	糸井 嘉男	.306	⑦
〃	金子 誠	.304	⑨
〃	稲葉 篤紀	.300	⑩
'10	田中 賢介	.335	②
〃	小谷野 栄一	.311	⑩
'11	糸井 嘉男	.319	②
'12	糸井 嘉男	.304	③
〃	田中 賢介	.300	⑤
〃	稲葉 篤紀	.290	⑦
〃	陽 岱鋼	.287	⑨
'13	中田 翔	.305	⑧
'14	陽 岱鋼	.293	⑧
'15	近藤 健介	.326	③
〃	田中 賢介	.284	⑨
'16	西川 遥輝	.314	②
〃	陽 岱鋼	.293	⑧
'17	西川 遥輝	.296	④
〃	松本 剛	.274	⑩
'18	近藤 健介	.323	③
'19	近藤 健介	.302	⑥
〃	大田 泰示	.289	⑦
〃	西川 遥輝	.288	⑨
'20	近藤 健介	.340	③
〃	西川 遥輝	.306	④
〃	渡邉 諒	.283	⑦
〃	大田 泰示	.275	⑩
'21	近藤 健介	.298	⑤
'22	松本 剛	.347	①
'23	松本 剛	.276	⑤
〃	万波 中正	.265	⑩

■オールスター戦出場選手

'74年以降。◎印はファン投票出場。□印は選手間投票出場。△印はプラスワン投票出場

年度	選手			
'74	新美 敏	大杉 勝男	張本 勲	
'75	◎張本 勲	高橋 直樹		
'76	野村 収	小田 義人		
'77	高橋 直樹	高橋 一三	加藤 俊夫	W・ウィリアムス
'78	◎高橋 直樹	◎加藤 俊夫	◎柏原 純一	◎富田 勝
	◎古屋 英夫(辞退)	◎菅野 光夫(辞退)	◎R・ミッチェル	◎千藤 三樹男
	佐伯 和司			
'79	◎高橋 直樹	◎柏原 純一	◎古屋 英夫	◎高代 延博
	◎島田 誠			
'80	◎木田 勇	◎高代 延博	◎島田 誠	間柴 茂有
	加藤 俊夫	高橋 直樹		
'81	◎木田 勇	◎島田 誠	江夏 豊	高橋 一三
	大宮 龍男	T・ソレイタ		
'82	◎江夏 豊	◎柏原 純一	◎島田 誠	工藤 幹夫
	木田 勇	大宮 龍男	T・クルーズ	
'83	◎江夏 豊	◎島田 誠	間柴 茂有	高代 延博
'84	田中 富夫	川原 昭二	大宮 龍男	T・クルーズ
'85	◎島田 誠	津野 浩	柴田 保光	古屋 英夫
'86	柴田 保光	田村 藤夫		
'87	T・ブリューワ	白井 一幸	田村 藤夫	松浦 宏明
'88	◎西崎 幸広	◎田中 幸雄(内)	津野 浩	田村 藤夫
'89	◎西崎 幸広	◎田村 藤夫	◎田中 幸雄(内)	佐藤 誠一
'90	西崎 幸広	武田 一浩	田村 藤夫	田中 幸雄
'91	柴田 保光	武田 一浩	田村 藤夫	白井 一幸
	◎田中 幸雄	M・ウィンタース		※監督推薦の西崎故障のため柴田が出場
'92	金石 昭人	白井 康勝	田村 藤夫	中島 輝士
	鈴木 慶裕			
'93	西崎 幸広	白井 康勝	田村 藤夫	広瀬 哲朗
	片岡 篤史	M・ウィンタース		
'94	西崎 幸広	田村 藤夫	◎広瀬 哲朗	田中 幸雄
'95	西崎 幸広	田中 幸雄		
'96	◎西崎 幸広	今関 勝	島崎 毅	K・グロス
	田中 幸雄	B・ブリトー		
'97	◎落合 博満	◎片岡 篤史	下柳 剛	K・グロス
	田中 幸雄	井出 竜也		
'98	金村 暁	岩本 勉	関根 裕之	野口 寿浩
	片岡 篤史			
'99	◎片岡 篤史	岩本 ツトム	小笠原 道大	田中 幸雄
'00	岩本ツトム	建山 義紀	野口 寿浩	小笠原道大
	片岡 篤史			

年度	選手			
'01	下柳 剛	小笠原 道大	井出 竜也	
'02	◎小笠原 道大	隼人	金子 誠	
'03	◎小笠原 道大	◎坪井 智哉	吉崎 勝	
'04	◎小笠原 道大	◎SHINJO	横山 道哉	金村 曉
	高橋 信二	金子 誠		
'05	◎小笠原 道大	◎SHINJO	金村 曉	木元 邦之
'06	◎小笠原 道大	◎SHINJO	武田 久	
	八木 智哉	森本 稀哲		
'07	ダルビッシュ有	武田 久	高橋 信二	森本 稀哲
	稲葉 篤紀			
'08	◎□ダルビッシュ有	◎武田 久	◎田中 賢介	◎□稲葉 篤紀
	森本 稀哲			
'09	◎□ダルビッシュ有	◎武田 久	◎□稲葉 篤紀	◎二岡 智宏
	金子 誠	高橋 信二	糸井 嘉男	
'10	□ダルビッシュ有	小谷野 栄一	△田中 賢介	◎□稲葉 篤紀
	□糸井 嘉男	◎二岡 智宏		
'11	◎□ダルビッシュ有	武田 久	武田 勝	増井 浩俊
	△斎藤 佑樹	◎□中田 翔	□糸井 嘉男	◎稲葉 篤紀
'12	◎斎藤 佑樹	◎武田 久	吉川 光夫	◎鶴岡 慎也
	◎□稲葉 篤紀	□田中 賢介	◎□糸井 嘉男	◎中田 翔
	◎陽 岱鋼	◎スレッジ(辞退)		
'13	◎増井 浩俊	木佐貫 洋	矢貫 俊之	吉川 光夫
	鶴岡 慎也	大引 啓次	◎□中田 翔	◎大谷 翔平
	□陽 岱鋼			
'14	大谷 翔平	M・クロッタ	大野 奨太	大引 啓次
	◎中田 翔	◎□陽 岱鋼		
'15	◎□大谷 翔平	宮西 尚生	吉川 光夫	◎□中田 翔
	中島 卓也			
'16	◎□大谷 翔平	有原 航平	C・マーティン	◎中田 翔
	B・レアード			
'17	谷元 圭介	◎中田 翔	B・レアード	□近藤 健介
	西川 遥輝	◎大谷 翔平		※近藤はけがのため欠場
'18	◎宮西 尚生	上沢 直之	中田 翔	△大田 泰示
	◎近藤 健介			※大田はけがのため欠場
'19	◎宮西 尚生	有原 航平	□西川 遥輝	△大田 泰示
	◎近藤 健介			※大田はけがのため欠場
'20	中止			
'21	上沢 直之	近藤 健介		
'22	伊藤 大海	◎野村 佑希	△清宮 幸太郎	◎□松本 剛
	※野村は新型コロナウイルス陽性判定のため欠場、松本はけがのため欠場			
'23	加藤 貴之	上沢 直之	田中 正義	
	マルティネス	◎□松本 剛	□万波 中正	

■タイトルホルダー

沢村賞投手

年度	氏名	防御率
'07	ダルビッシュ有	1.82

最優秀新人

年度	氏名	成績
'59	張本 勲	.275
'62	尾崎 行雄	2.42
'67	高橋 善正	2.46
'71	皆川 康夫	3.44
'73	新美 敏	3.65
'80	木田 勇	2.28
'83	二村 忠美	.282
'96	金子 誠	.261
'02	正田 樹	3.45
'06	八木 智哉	2.48
'10	榊原 諒	2.63
'15	有原 航平	4.79
'16	高梨 裕稔	2.38

(打者は打率、投手は防御率)

最多勝利

年度	氏名	勝数
'46	白木 義一郎	30
'65	尾崎 行雄	27
'72	金田 留広	20
'80	木田 勇	22
'82	工藤 幹夫	20
'88	西崎 幸広	15
〃	松浦 宏明	15
'95	グロス	16
'96	グロス	17
'15	大谷 翔平	15
'19	有原 航平	15

最優秀救援・最多セーブ

年度	氏名	セーブまたはSP
'81	江夏 豊	28SP
'82	江夏 豊	37SP
'91	武田 一浩	22SP
'04	横山 道哉	32SP
'06	MICHEAL	39S
'09	武田 久	34S
'11	武田 久	37S
'12	武田 久	32S

最多ホールド・最優秀中継ぎ

年度	氏名	ホールドまたはHP
'96	島崎 毅	16H
'04	建山 義紀	13H
'06	武田 久	45HP
'12	増井 浩俊	50HP
'16	宮西 尚生	42HP
'18	宮西 尚生	41HP
'19	宮西 尚生	44HP
'21	堀 瑞輝	42HP

最優秀勝率

年度	氏名	勝率
'09	ダルビッシュ有	.750
'15	大谷 翔平	.750

最多三振奪取投手

年度	氏名	奪三振
'07	ダルビッシュ有	210
'10	ダルビッシュ有	222
'11	ダルビッシュ有	276

最多本塁打

年度	氏名	本塁打
'46	大下 弘	20
'47	大下 弘	17
'51	大下 弘	26
'52	深見 安博	25
'70	大杉 勝男	44
'71	大杉 勝男	41
'78	ミッチェル	36
'81	ソレイタ	44
'97	ウィルソン	37
'98	ウィルソン	33
'04	セギノール	44
'06	小笠原 道大	32
'13	アブレイユ	31
'16	レアード	39

最多打点

年度	氏名	打点
'70	大杉 勝男	129
'72	大杉 勝男	101
'81	ソレイタ	108
'95	田中 幸雄	80
'98	ウィルソン	124
'06	小笠原 道大	100
'10	小谷野 栄一	109
'14	中田 翔	100
'16	中田 翔	110
'20	中田 翔	108

最多盗塁

年度	氏名	盗塁
'13	陽 岱鋼	47
'14	西川 遥輝	43
'15	中島 卓也	34
'17	西川 遥輝	39
'18	西川 遥輝	44
'21	西川 遥輝	24

最優秀防御率

年度	氏名	防御率
'47	白木 義一郎	1.74
'62	久保田 治	2.12
'80	木田 勇	2.28
'81	岡部 憲章	2.70
'82	高橋 里志	1.84
'88	河野 博文	2.38
'98	金村 暁	2.73
'09	ダルビッシュ有	1.73
'10	ダルビッシュ有	1.78
'12	吉川 光夫	1.71
'15	大谷 翔平	2.24

最優秀選手

年度	氏名	成績
'62	張本 勲	.333
'80	木田 勇	2.28
'81	江夏 豊	2.82
'06	小笠原 道大	.313
'07	ダルビッシュ有	1.82
'09	ダルビッシュ有	1.73
'12	吉川 光夫	1.71
'16	大谷 翔平	(防御率) 1.86 (打率) .322

(打者は打率、投手は防御率)

首位打者

年度	氏名	打率
'47	大下 弘	.315
'50	大下 弘	.339
'51	大下 弘	.383
'61	張本 勲	.336
'67	張本 勲	.336
'68	張本 勲	.336
'69	張本 勲	.333
'70	張本 勲	.383
'72	張本 勲	.358
'74	張本 勲	.340
'02	小笠原 道大	.340
'03	小笠原 道大	.360
'07	稲葉 篤紀	.334
'22	松本 剛	.347

最高出塁率

年度	氏名	出塁率
'62	張本 勲	.440
'64	張本 勲	.426
'67	張本 勲	.439
'68	張本 勲	.437
'69	張本 勲	.421
'70	張本 勲	.467
'72	張本 勲	.443
'73	張本 勲	.448
'74	張本 勲	.452
'91	白井 一幸	.428
'98	片岡 篤史	.435
'03	小笠原 道大	.473
'11	糸井 嘉男	.411
'12	糸井 嘉男	.404
'19	近藤 健介	.422
'20	近藤 健介	.465

■ゴールデングラブ賞

年度	ポジション	氏名
'72	(一)	大杉 勝男
〃	(二)	大下 剛史
'77	(捕)	加藤 俊夫
'78	(一)	柏原 純一
'79	(一)	柏原 純一
〃	(遊)	高代 延博
'80	(投)	木田 勇
'81	(一)	柏原 純一
〃	(外)	島田 誠
'82	(捕)	大宮 龍男
〃	(一)	柏原 純一
〃	(三)	古屋 英夫
〃	(外)	島田 誠
'83	(三)	古屋 英夫
〃	(外)	島田 誠
'84	(外)	島田 誠
'85	(三)	古屋 英夫
〃	(外)	島田 誠
'86	(三)	古屋 英夫
'87	(二)	白井 一幸
〃	(外)	島田 誠
'88	(投)	西崎 幸広
〃	(遊)	田中 幸雄
'90	(遊)	田中 幸雄
'91	(遊)	田中 幸雄
'93	(捕)	田村 藤夫
〃	(遊)	広瀬 哲朗
'94	(遊)	広瀬 哲朗
'95	(遊)	田中 幸雄
'96	(投)	西崎 幸広
〃	(一)	片岡 篤史
〃	(遊)	田中 幸雄
'97	(三)	片岡 篤史
〃	(外)	井出 竜也
'98	(二)	金子 誠
〃	(三)	片岡 篤史
'99	(一)	小笠原 道大
〃	(二)	金子 誠
'00	(一)	小笠原 道大
'01	(一)	小笠原 道大
'02	(一)	小笠原 道大
〃	(外)	井出 竜也
'03	(三)	小笠原 道大
'04	(外)	SHINJO
'05	(外)	SHINJO
'06	(一)	小笠原 道大
〃	(二)	田中 賢介
〃	(外)	森本 稀哲
〃	(外)	SHINJO
〃	(外)	稲葉 篤紀
'07	(投)	ダルビッシュ有
〃	(二)	田中 賢介
〃	(外)	森本 稀哲
〃	(外)	稲葉 篤紀
'08	(投)	ダルビッシュ有
〃	(二)	田中 賢介
〃	(外)	稲葉 篤紀
〃	(外)	森本 稀哲
'09	(捕)	鶴岡 慎也
〃	(一)	高橋 信二
〃	(二)	田中 賢介
〃	(三)	小谷野 栄一
〃	(遊)	金子 誠
〃	(外)	糸井 嘉男
〃	(外)	稲葉 篤紀
'10	(二)	田中 賢介
〃	(三)	小谷野 栄一
〃	(外)	糸井 嘉男
'11	(外)	糸井 嘉男
'12	(一)	稲葉 篤紀
〃	(三)	小谷野 栄一
〃	(外)	陽 岱鋼
〃	(外)	糸井 嘉男
'13	(外)	陽 岱鋼
'14	(外)	陽 岱鋼
'15	(一)	中田 翔
'16	(捕)	大野 奨太
〃	(一)	中田 翔
〃	(外)	陽 岱鋼
'17	(外)	西川 遥輝
'18	(一)	中田 翔
〃	(外)	西川 遥輝
'19	(外)	西川 遥輝
'20	(一)	中田 翔
〃	(外)	大田 泰示
〃	(外)	西川 遥輝
'23	(外)	万波 中正

■ベストナイン

年度	ポジション	氏名
'50	(外)	大下 弘
'51	(外)	大下 弘
'57	(外)	毒島 章一
'58	(一)	スタンレー橋本
〃	(外)	毒島 章一
'60	(外)	張本 勲
'61	(外)	張本 勲
'62	(外)	張本 勲
〃	(外)	吉田 勝豊
'63	(外)	張本 勲
'64	(外)	張本 勲
'65	(投)	尾崎 行雄
〃	(外)	張本 勲
'66	(外)	張本 勲
〃	(外)	毒島 章一
'67	(一)	大杉 勝男
〃	(遊)	大下 剛史
〃	(外)	張本 勲
'68	(外)	張本 勲
'69	(一)	大杉 勝男
〃	(外)	張本 勲
'70	(一)	大杉 勝男
〃	(外)	張本 勲
'71	(一)	大杉 勝男
'72	(一)	大杉 勝男
〃	(外)	張本 勲
'73	(外)	張本 勲
'74	(外)	張本 勲
'77	(捕)	加藤 俊夫
'78	(一)	柏原 純一
'80	(投)	木田 勇
〃	(遊)	高代 延博
'81	(一)	柏原 純一
〃	(外)	島田 誠
'82	(投)	工藤 幹夫
〃	(一)	柏原 純一
〃	(DH)	ソレイタ
'83	(外)	島田 誠
'84	(外)	クルーズ
'87	(二)	白井 一幸
〃	(外)	ブリューワ
'88	(投)	西崎 幸広
〃	(遊)	田中 幸雄
'90	(遊)	田中 幸雄
'93	(捕)	田村 藤夫
〃	(遊)	広瀬 哲朗
'94	(遊)	広瀬 哲朗
'95	(遊)	田中 幸雄
'96	(一)	片岡 篤史
'96	(遊)	田中 幸雄
'98	(三)	片岡 篤史
〃	(DH)	ウィルソン
'99	(一)	小笠原 道大
〃	(二)	金子 誠
'00	(外)	オバンドー
〃	(DH)	ウィルソン
'01	(一)	小笠原 道大
'03	(三)	小笠原 道大
'04	(三)	小笠原 道大
〃	(外)	SHINJO
〃	(DH)	セギノール
'06	(一)	小笠原 道大
〃	(二)	田中 賢介
〃	(外)	稲葉 篤紀
〃	(DH)	セギノール
'07	(投)	ダルビッシュ有
〃	(二)	田中 賢介
〃	(外)	稲葉 篤紀
〃	(外)	森本 稀哲
'08	(外)	稲葉 篤紀
'09	(投)	ダルビッシュ有
〃	(一)	高橋 信二
〃	(二)	田中 賢介
〃	(外)	糸井 嘉男
〃	(外)	稲葉 篤紀
'10	(二)	田中 賢介
〃	(三)	小谷野 栄一
'11	(外)	糸井 嘉男
'12	(投)	吉川 光夫
〃	(捕)	鶴岡 慎也
〃	(二)	田中 賢介
〃	(外)	糸井 嘉男
'13	(外)	中田 翔
〃	(DH)	アブレイユ
'14	(外)	中田 翔
'15	(投)	大谷 翔平
〃	(一)	中田 翔
〃	(二)	田中 賢介
〃	(遊)	中島 卓也
'16	(投)	大谷 翔平
〃	(一)	中田 翔
〃	(三)	レアード
〃	(外)	西川 遥輝
〃	(DH)	大谷 翔平
'17	(外)	西川 遥輝
'18	(DH)	近藤 健介
'20	(一)	中田 翔
〃	(外)	近藤 健介
'21	(DH)	近藤 健介
'22	(外)	松本 剛
'23	(外)	万波 中正

■通算歴代投手・打者トップ10

打撃部門

○数字は実働年数。500試合以上

試合

1	田中 幸雄	㉒	2238
2	張本 勲	⑰	2136
3	毒島 章一	⑱	2056
4	金子 誠	⑳	1996
5	田中 賢介	⑱	1619
6	島田 誠	⑭	1560
7	古屋 英夫	⑬	1464
8	中田 翔	⑬	1461
9	田村 藤夫	⑮	1435
10	白 仁天	⑫	1278

打数

1	田中 幸雄		7673
2	張本 勲		7560
3	毒島 章一		7148
4	金子 誠		6344
5	中田 翔		5403
6	島田 誠		5377
7	田中 賢介		5319
8	古屋 英夫		5081
9	西川 遥輝	⑩	4391
10	白 仁天		4332

得点

1	張本 勲		1229
2	田中 幸雄		974
3	毒島 章一		865
4	島田 誠		792
5	小笠原 道大	⑩	744
6	金子 誠		734
7	西川 遥輝		701
8	田中 賢介		696
9	中田 翔		652
10	古屋 英夫		641

安打

1	張本 勲		2435
2	田中 幸雄		2012
3	毒島 章一		1977
4	金子 誠		1627
5	島田 誠		1502
6	田中 賢介		1499
7	古屋 英夫		1391
8	中田 翔		1351
9	小笠原 道大		1335
10	西川 遥輝		1232

二塁打

1	田中 幸雄		394
2	張本 勲		330
3	毒島 章一		286
4	金子 誠		279
5	小笠原 道大		250
6	稲葉 篤紀	⑩	249
7	中田 翔		245
8	島田 誠		244
9	近藤 健介	⑪	232
10	古屋 英夫		231

三塁打

1	毒島 章一		106
2	張本 勲		60
3	西川 遥輝		54
4	島田 誠		49
5	田中 賢介		48
6	大下 弘	⑥	40
7	西園寺 昭夫	⑩	38
8	田中 幸雄		33
9	ジャック・ラドラ	⑦	32
10	吉田 勝豊	⑧	31
10	白 仁天		31

本塁打

1	張本 勲		414
2	大杉 勝男		287
2	田中 幸雄		287
4	中田 翔		261
5	小笠原 道大		239
6	古屋 英夫		180
7	柏原 純一	⑧	167
8	マット・ウインタース	⑤	160
9	トニー・ソレイタ	④	155
10	稲葉 篤紀		139

打点

1	張本 勲		1341
2	田中 幸雄		1026
3	中田 翔		950
4	大杉 勝男		819
5	小笠原 道大		730
6	毒島 章一		688
7	古屋 英夫		683
8	金子 誠		620
9	稲葉 篤紀		613
10	柏原 純一		601

盗塁

1	島田 誠		351
2	西川 遥輝		311
3	張本 勲		304
4	大下 剛史		216
5	田中 賢介		203
6	中島 卓也	⑬	200
7	毒島 章一		191
8	白 仁天		168
8	白井 一幸	⑫	168
10	西園寺 昭夫		147

四死球

1	張本 勲		1159
2	西川 遥輝		710
3	片岡 篤史		690
4	田中 幸雄		686
5	毒島 章一		665
6	島田 誠		623
6	近藤 健介		623
8	田中 賢介		614
9	小笠原 道大		606
10	中田 翔		585

三振

1	田中 幸雄		1416
2	中田 翔		1129
3	金子 誠		1086
4	西川 遥輝		953
5	陽 岱鋼	⑩	855
6	片岡 篤史		840
7	田中 賢介		769
8	田村 藤夫		761
9	小笠原道大		715
10	中島 卓也		706

打率

1	張本 勲		.322
2	小笠原 道大		.320
3	大下 弘		.311
4	トミー・クルーズ	⑥	.310
5	近藤 健介		.307
6	糸井 嘉男	⑥	.302
7	坪井 智哉	⑧	.292
8	稲葉 篤紀		.288
9	富田 勝	⑤	.286
10	田中 賢介		.282

投手部門

○数字は実働年数。奪三振率と防御率は150試合以上、ただしセーブは規定に限らず

登板

1	宮西 尚生	⑯	839
2	武田 久	⑭	534
3	土橋 正幸	⑫	455
4	建山 義紀	⑫	438
5	芝草 宇宙	⑭	430
6	増井 浩俊	⑧	402
7	高橋 直樹	⑫	398
8	宮崎 昭二	⑬	396
9	米川 泰夫	⑩	375
10	尾崎 行雄	⑫	364

完投

1	白木 義一郎	⑥	160
2	米川 泰夫		139
3	土橋 正幸		134
4	高橋 直樹		127
5	西崎 幸広	⑪	117
6	黒尾 重明	④	91
7	尾崎 行雄		73
8	金田 留広	⑤	67
9	柴田 保光	⑩	64
10	ダルビッシュ有	⑦	55

完封

1	土橋 正幸		28
2	西崎 幸広		22
3	尾崎 行雄		21
3	高橋 直樹		21
5	米川 泰夫		18
5	ダルビッシュ有		18
7	白木 義一郎		16
8	久保田 治	⑪	14
8	柴田 保光		14
10	金田 留広		12

勝利

1	土橋 正幸		162
2	高橋 直樹		138
3	米川 泰夫		131
4	西崎 幸広		117
5	尾崎 行雄		107
6	白木 義一郎		97
7	ダルビッシュ有		93
8	金村 暁	⑫	88
9	金田 留広		84
10	武田 勝	⑪	82

敗戦

1	高橋 直樹		139
2	米川 泰夫		137
3	土橋 正幸		135
4	西崎 幸広		97
5	白木 義一郎		96
6	柴田 保光		87
7	尾崎 行雄		83
8	岩本 勉	⑬	79
9	金山 勝巳	⑩	78
10	金村 暁		75

セーブ

1	武田 久		167
2	増井 浩俊		110
3	MICHEAL	④	102
4	江夏 豊	③	88
5	金石 昭人	⑥	76
6	横山 道哉	②	40
7	ミラバル	⑥	37
7	秋吉 亮	③	37
9	武田 一浩	⑧	31
9	石川直也	⑥	31

投球回数

1	土橋 正幸		2518 1/3
2	高橋 直樹		2413
3	米川 泰夫		2210 2/3
4	西崎 幸広		1872 2/3
5	白木 義一郎		1704
6	尾崎 行雄		1548 2/3
7	柴田 保光		1381 2/3
8	金村 暁		1353 1/3
9	ダルビッシュ有		1268 1/3
10	黒尾 重明		1262
10	金山 勝巳		1262

被安打

1	高橋 直樹		2259
2	土橋 正幸		2237
3	米川 泰夫		2000
4	白木 義一郎		1645
5	西崎 幸広		1606
6	金村 暁		1342
7	尾崎 行雄		1337
8	間柴 茂有	⑪	1263
9	岩本 勉		1258
10	柴田 保光		1250

被本塁打

1	高橋 直樹		247
2	西崎 幸広		190
3	土橋 正幸		172
4	河野 博文	⑪	163
5	岩本 勉		161
6	金村 暁		160
7	金田 留広		151
8	尾崎 行雄		143
9	柴田 保光		141
10	津野 浩	⑧	139

与四死球

1	西崎 幸広		774
2	米川 泰夫		557
3	河野 博文		552
4	岩本 勉		527
5	黒尾 重明		520
6	金村 暁		515
7	津野 浩		494
8	高橋 直樹		478
9	木田 勇	⑥	460
10	森安 敏明	⑤	415

奪三振

1	土橋 正幸		1562
2	西崎 幸広		1454
3	米川 泰夫		1302
4	ダルビッシュ有		1250
5	高橋 直樹		1214
6	尾崎 行雄		1010
7	柴田 保光		914
8	上沢 直之	⑨	913
9	岩本 勉		885
10	金田 留広		865

自責点

1	高橋 直樹		869
2	土橋 正幸		744
3	米川 泰夫		674
3	西崎 幸広		674
5	岩本 勉		614
6	金村 暁		584
7	間柴 茂有		529
8	白木 義一郎		524
9	柴田 保光		511
10	津野 浩		485

奪三振率

1	石川 直也		10.21
2	江夏 豊		9.45
3	増井 浩俊		9.13
4	堀 瑞輝	⑦	9.01
5	ダルビッシュ有		8.87
6	MICHEAL		8.71
7	宮西 尚生		8.23
8	下柳 剛	⑦	7.75
9	鍵谷 陽平	⑦	7.63
10	上沢 直之		7.35

防御率

1	ダルビッシュ有		1.99
2	MICHEAL		2.20
3	橋詰 文男	⑤	2.22
4	江夏 豊		2.36
5	石井 裕也	⑨	2.41
6	宮西 尚生		2.51
7	武田 久		2.61
8	金山 勝巳		2.65
9	土橋 正幸		2.66
10	尾崎 行雄		2.70

OFFICIAL SNS

北海道日本ハムファイターズでは球団公式サイト、公式スマートフォンサイトで球団インフォメーションや試合情報を随時お知らせしているほか、SNS（ソーシャルネットワーキングサービス）を活用してチームや選手の魅力、各種イベントの楽しさをお伝えしています。

Facebook

合計「いいね！」数で28万人を超える公式Facebookページ。国内版だけでなく、グローバル版（繁体字版）も展開中！

X（エックス）

球団公式エックスアカウント（@FightersPR）では当日のスタメン・試合速報やハイライト動画だけでなく、お得な各種イベント・チケット販売情報もお届けします。

LINE

ファイターズ公式LINEアカウントでは友だち登録をしていただくと、イベント情報やチケット発売日などの最新情報をチェック！

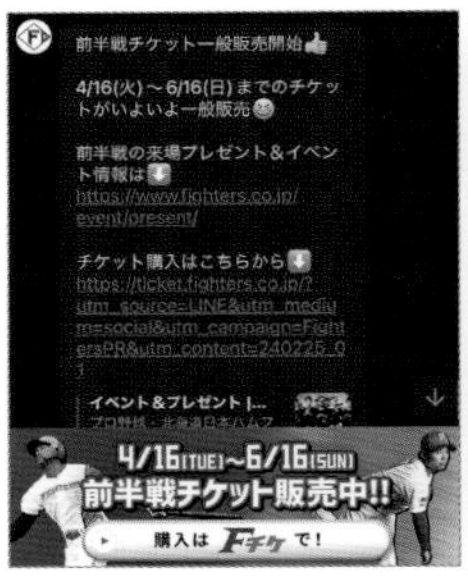

Instagram

公式Instagramアカウントでは“インスタならでは”の、グラウンド内外の選手の表情や風景、オフショットをお届けしています。中継やほかのSNSとはまた違った選手たちの表情をお楽しみください♪

YouTube

試合のハイライトや会見の模様だけでなく、各種イベントの裏側やメイキング映像など球団が制作したオリジナル動画コンテンツを公式チャンネル限定コンテンツとして多数公開中！

HOKKAIDO NIPPONHAM FIGHTERS

北海道日本ハムファイターズオフィシャルガイドブック2024

2024年3月27日　第1刷発行

■発行所
株式会社北海道日本ハムファイターズ
〒061-1116
北海道北広島市Fビレッジ１番地
TEL（0570）005-586
https://www.fighters.co.jp

■発売元
北海道新聞社
〒060-8711
北海道札幌市中央区大通西3丁目6
出版センター（営業）
TEL（011）210-5744

■制作
北海道新聞HotMedia
ベースボール・タイムズ編集部

■印刷・製本
株式会社アイワード

■協力
一般社団法人 日本野球機構
NPB BIS

■編集
大槻美佳
松野友克
渡邊幸恵
北海道新聞HotMedia

■写真
高原由佳（ベースボール・マガジン社）
花田裕次郎（ベースボール・タイムズ編集部）

■デザイン
アイル企画
太田育美
方城陽介
岡村一輝
中村 ひより
平松　剛
山崎理美

OFFICIAL PRODUCTS

ISBN978-4-86721-119-9